L'HÉROÏSME PENDANT LA GUERRE

PORTRAITS

DE LA

BELLE FRANCE

DU MÊME AUTEUR

TABLEAUX DU SIÈCLE DERNIER. **La Cité du Sang.** Un bourg de France. — Chez les verriers. — L'École du Trocadéro. — L'Age de l'affiche. (*Couronné par l'Académie française.*) Un volume in-16 . . . . 3 fr. 50

Sur le Turf. Un volume in-16, illustré de 86 reproductions photographiques . . . . 3 fr. 50

La Franc-Maçonnerie et la Révolution française. Une brochure in-16, 5e mille. . . . . 1 fr. »

LA FRANC-MAÇONNERIE ET LA RÉVOLUTION FRANÇAISE. **Comment on fabrique l'opinion.** Une brochure in-16 . 1 fr. »

Comte de Pelleport.

Général de Grandmaison.

Un petit libraire parisien.

Un garçon de ferme.

MAURICE TALMEYR

L'HÉROÏSME PENDANT LA GUERRE

PORTRAITS
DE LA
BELLE FRANCE

LE COMTE DE PELLEPORT. — UN PETIT LIBRAIRE PARISIEN. — LE GÉNÉRAL DE GRANDMAISON. — UN GARÇON DE FERME. — JEAN-MARC BERNARD, DAUPHINOIS. — UN EMPLOYÉ DE COMMERCE. — SŒUR IGNACE. — UN CAMELOT DU ROI. — LE CAPITAINE DE VISME. — UN PRÊTRE-SOLDAT. — LE COMMANDANT TOUCHON. — GUYNEMER. — FAMILLES DE FRANCE.

PARIS
LIBRAIRIE ACADÉMIQUE
PERRIN ET Cie, LIBRAIRES-ÉDITEURS
35, QUAI DES GRANDS-AUGUSTINS, 35
1918

IL A ÉTÉ IMPRIMÉ

Dix exemplaires numérotés sur papier vergé pur fil des Papeteries Lafuma.

AVANT-PROPOS

Plus se sera prolongée l'effroyable Guerre, et plus s'y sera posée une énigme. Comment l'Allemagne, si formidablement armée et nationalisée, s'est-elle trouvée arrêtée par la France à peu près dépourvue de tout comme armement et organisation, et qu'une politique de mort semblait avoir livrée d'avance à l'envahisseur ? On a cherché à l'expliquer par notre subit ressaisissement national dans les premiers jours du cataclysme, par l'ivresse triomphale mais titubante du colossal orgueil Teuton, le lucide génie de quelques chefs, l'entrée dans la fournaise d'alliés toujours plus nombreux, et par l'éternel et mystérieux miracle qui bouleverse, à l'heure marquée par Dieu, les plans humains les plus puissamment combinés. Il y eut beaucoup de tout cela dans l'arrêt de l'Allemand. Mais où l'on doit aussi en voir la raison, et où éclate surtout le miracle, c'est dans la magnifique qualité de tant de sublimes âmes Françaises, qui opposèrent à l'ennemi, dès les premiers coups de canon, l'invisible légion de ces « impondérables » si judicieusement redoutés de Bismarck !

Un petit journal de jeunes gens, l'*A B C*, publiait dans son numéro du 22 avril 1915 le récit des derniers jours du jeune lieutenant Marcel Louis.

Blessé mortellement par un obus, et resté sans mouvement dans une tranchée prise par nos troupes, puis reprise par l'ennemi, il y est laissé sans soin toute une journée, épuisé de fatigue et de souffrance. Dans ses plus terribles douleurs et son immobilité, il ne perd pas cependant un instant connaissance, examine comment s'installent les Allemands et, ramassé ensuite par les nôtres dans une contre-attaque victorieuse, dicte, quatre jours après, un rapport détaillé de ses observations à son colonel. Tombé le 28 février, il n'avait été transporté que le 2 mars à l'hôpital, sans habits, roulé dans une couverture, et mourait cinq jours après. Il avait vingt et un ans.

La veille, il confiait à sa mère que, s'il survivait, il se ferait prêtre pour se consacrer au bien, et disait à son père :

— Je suis content, je croyais ne plus vous revoir. Papa, j'ai toujours bien fait mon devoir comme vous m'en avez donné l'exemple.

Ainsi, blessé à mort et ne pouvant plus bouger, un enfant de vingt et un ans, resté couché au milieu des ennemis, ne songe qu'à observer leurs mouvements, et quatre jours après, du lit d'hôpital où il a fini par être transporté, il dicte un rapport à son chef, dit à sa mère que, s'il vit, il se consacrera au bien, remercie son père de lui avoir enseigné le devoir, et expire.

En octobre 1914, à la rentrée des classes de l'Ecole Notre-Dame de Blois, Jean Miron de l'Espinay préparait son examen de mathématiques [1]. Mais, nous dit son professeur de philosophie, « sa pensée et son cœur étaient ailleurs ». Et où étaient cette pensée et ce cœur d'écolier? A la Guerre, sur les champs de bataille. Il ne se consolait pas de ne pas pouvoir s'y sacrifier, et il écrivait à sa mère : « G. de L... part demain pour le front. C'est un nouveau chagrin et une nouvelle humiliation pour moi, qui reste ici avec les rachitiques et les embusqués. *J'ai pourtant dix-sept ans maintenant !...* » A dix-sept ans, au milieu de ses livres et de ses problèmes, Jean de l'Espinay n'a donc qu'un rêve : « mourir pour que la France vive! » Enfin, au bout de quelques mois, à force de supplications, il arrache à son père l'autorisation de s'engager, et annonce un jour à ses camarades avec une timidité rayonnante :

— Je pars... je m'engage dans l'Infanterie!

Dès lors, il entre en plein bonheur. Les exer-

1. *Jean Miron de l'Espinay, sous-lieutenant au 131e d'infanterie*, par A. Besnard, avec une lettre de Mgr Mélisson, évêque de Blois, et une préface du général Cherfils. (Blois, imprimerie C. Misault et Cie.)

cices, les marches sac au dos, les tirs, l'escrime à la baïonnette, le remplissent déjà de joie. Ensuite, il passe aspirant, est envoyé au front, et son enthousiasme n'a plus de bornes. Ses lettres, délicieuses de jeunesse, de foi, de pittoresque, de gaieté, ne sont qu'un grand cri lyrique. Il aime la tranchée, la boue où l'on y couche, la mort qui vous y guette ! Il aime ses hommes, les soldats de France, et les plus grossiers eux-mêmes lui sont chers. L'un d'eux, venu d'un bataillon d'Afrique, est le dégoût des autres, mais Jean de l'Espinay ne s'en attache que plus particulièrement à le relever, lui donne pour marraine une dame de ses parentes, et lui fait envoyer toutes sortes de douceurs. Les balles, les obus, les bombes, les grenades, pleuvent cependant autour de lui, mais il en rit, et les prend comme matière à joyeuses et jolies lettres. Puis, un jour, en Argonne, à la Fille-Morte, il tombe en entraînant sa troupe. Il venait d'accomplir son rêve, il était mort pour la France, et n'avait pas dix-neuf ans !

Antoine Boisson !... C'est encore un enfant de dix-huit ans que sa famille ne parvient pas à empêcher de courir à la bataille, et qui interrompt ses études pour s'engager. Aussitôt instruit, il combat en Artois, est bientôt admis comme élève officier, passe aspirant, repart pour le front, accomplit marches sur marches à travers des fondrières où les chevaux tombent morts de fatigue, couche le long des routes, reste trente-six heures sans manger, et sous la pluie, la grêle, la neige et la mitraille, dans l'eau, la glace, le brouillard et les marais, gagne le point de la ligne de feu où doit se rendre son unité !... Tout cela sans perdre une minute son entrain et sa belle humeur, en chantant, en se réjouissant, et d'autant plus heureux qu'il souffre davantage, lorsqu'un obus, le 22 février, le tue sur ses pièces, à l'Herbebois, à six heures du matin, et quand on peut lire ces lignes dans le cahier de route retrouvé sur son corps : « Quoi de plus beau que l'instant d'à présent ! J'ai dix-huit ans... J'ai la certitude qu'en m'engageant, et en partant demain au feu, j'accomplis le plus sacré des devoirs, et je vais arriver au front la veille de Noël! N'est-ce pas là de quoi illuminer une vie tout entière? Certes, je sais bien que la saison est dure, l'hiver sera rigoureux et j'aurai beaucoup à souffrir, mais n'est-ce pas pour montrer la supériorité du moral et des idées surnaturelles sur les êtres mortels et la matière?... Il faut maintenant passer des idées aux actes. Je réponds : « Présent », et je pars... Et, maintenant, adieu, mon cher cahier qui m'as toujours suivi. Nul autre que moi, pas même ma mère, ne t'a vu et ne te lira avant la fin de la guerre. Je vais te fermer pour te rendre inviolable... Et, en te quittant, je répète que j'aime par-dessus tout, Dieu, ma famille et la France! »

Le 13 mai 1917, Henri Sarramia de Père, jeune séminariste-soldat du diocèse d'Agen, vient en permission dans sa famille et, la veille de son retour au front, dit à l'un de ses anciens professeurs :

— Je repars sans appréhension ni regret, car j'ai fait à Dieu le sacrifice de ma vie. Je l'ai fait pour la paix juste, pour les petits qui combattent, souffrent et tombent dans les tranchées, pour la France !

Et, mortellement blessé à peine revenu au feu, il laisse un impérissable souvenir de grandeur et de beauté dans le sacrifice aux témoins de ses derniers instants.

Au fur et à mesure qu'il sent approcher sa fin, il envoie des cartes de plus en plus rassurantes à ses parents, afin d'éloigner d'eux le plus longtemps possible le cruel moment de la douleur : « Ma chère maman, j'ai été blessé... Un éclat d'obus dans le gras de l'épaule. Peu de chose, quoi ! On l'enlèvera ce soir. Rien d'essentiel d'atteint... » Le lendemain : « Ma chère maman, extraction admirablement faite. Ne m'en suis même pas aperçu. Vais bien... » Le surlendemain : « Ma chère maman, amélioration continue. Ma pensée ne vous quitte pas... » Puis, le jour suivant, la veille même de sa mort : « Peux rester ici une dizaine de jours. Pourrez venir au plus tôt... »

Et, plein de calme, souriant, il répétait, pendant ce temps-là, aux personnes qui l'approchaient :

— Je vais mourir, je suis heureux !

A son infirmière-major, Melle de Baye, il demande de transmettre, lorsqu'il ne sera plus, ces suprêmes paroles à sa famille : « Je n'aurais pas cru qu'il fût possible d'être aussi heureux de mourir, car déjà je sens que je suis dans le royaume du ciel... »

A un brancardier de ses amis, il déclare, très tranquille.

— Je vais mourir, je le sais, et je suis très heureux !

— Mais..., hasarde son ami en voulant lui donner espoir.

— Non, lui répond-il tout de suite, non, n'insistez pas, vous me scandaliseriez si vous pensiez que la mort n'est pas un bonheur !

Et, dans son agonie, il murmure au prêtre qui l'assiste :

— Je voudrais mourir tous les jours !...

Puis, il expire rayonnant, et Melle de Baye peut écrire à Mme Sarramia de Père : « La figure de votre enfant était transfigurée ; on y voyait un reflet du Paradis... »

Henri Sarramia était mort pour « la paix juste », pour « les petits qui combattent, souffrent et tombent dans les tranchées » ! Il était mort pour la France !

Jeune gentilhomme terrien et passionnément attaché à ses traditions de famille, Joseph de Boury vit pour deux idéals, pour la Croix et pour le Drapeau, et ses lettres, malgré son âge, révèlent une âme merveilleusement grande, lucide et forte.

Il écrit, des tranchées et des champs de bataille :

Un souffle d'insouciance a passé sur notre âge. On se dit blasé, parce qu'on n'est plus capable de ressentir de fortes impressions. Il faut des cœurs ardents, il faut de l'enthousiasme. Notre époque meurt de ce qu'elle ne vibre plus assez...

... Maximum *d'effort*, maximum *de travail, voilà le mot d'ordre. Et en avant de tout cœur pour la France!... L'obéissance passive ne suffit pas. Tout devoir, quel qu'il soit, doit être fait avec enthousiasme...*

... Le Drapeau, c'est un idéal pour lequel on se sacrifie et l'on meurt. Il porte dans ses plis le sang des plus purs sacrifices. Plus dur est le sacrifice, plus beaux, plus durables en sont les fruits. La valeur d'un renoncement se mesure à l'intensité de la souffrance. Un patriotisme sans esprit de sacrifice est un dévouement stérile...

... Le sentiment du devoir, chez le militaire, consiste dans l'abnégation totale. Se dévouer pour ses hommes, se dévouer pour ses chefs, se dévouer pour son Drapeau, voilà la raison d'être du soldat. L'oubli de soi est le principe auquel il doit se conformer, le sacrifice est le but vers lequel il doit tendre. Aussi, sa mort n'est pas triste. C'est le couronnement naturel d'une profession de foi sincère...

... L'officier doit être un apôtre, et quelque-

fois un martyr. Il doit savoir se sacrifier aux intérêts de sa cause. Il porte devant la Patrie la responsabilité des hommes confiés à ses soins...

... Il faut se nourrir l'esprit d'idées hautes et fortes, concentrer sa pensée sur le devoir militaire, afin de l'inculquer aux hommes et d'acquérir leur confiance. Si on ne cesse de leur donner l'exemple des qualités qu'on leur demande, on peut être assuré de les avoir bien en main, le jour où l'on aura besoin d'eux...

... Y a-t-il un effort plus intéressant que celui de se maîtriser soi-même ?...

... Le plus grand héroïsme des saints a été de se dominer. Sans vouloir égaler leur perfection, imitons-les en exerçant souvent notre volonté sur nous-mêmes. Se rendre maître de soi, c'est commencer le règne de Dieu dans son âme...

Et il s'écrie, dans les forêts d'Argonne : *Les arbres, ici, sont beaux et forts comme un régiment rangé en bataille !*

Parti comme officier mitrailleur dès le

3 août 1914, cité une première fois à l'Ordre de l'Armée pour avoir fait quatre-vingt-dix-huit prisonniers avec vingt-cinq hommes, cité une deuxième fois pour de nouveaux exploits, promu lieutenant, atteint d'une violente fièvre typhoïde dans les tranchées des Éparges, Joseph de Boury n'en reste pas moins encore quinze jours à son poste, brûlant de fièvre, torturé par la maladie, mais menaçant ses hommes de son sabre au cas où ils révèleraient son état à ses chefs. Évacué cependant, à la fin, sur l'ambulance de Gondrecourt, il y meurt, en criant dans son délire : « En avant ! »

Marié et père de deux jumelles, le lieutenant de Boury venait d'avoir vingt-cinq ans...

En octobre 1916, on pouvait lire dans les journaux :

« C'est une bien émouvante odyssée, celle du jeune Désiré Bianco, âgé de douze ans à peine à la mobilisation, hanté par le plus lancinant, le plus patriotique désir d'aller, avec nos soldats, défendre la Patrie, faire le coup de feu contre les ennemis de la France. La veille, il était encore sur les bancs de l'école du quartier si populeux de Monpenti, à Marseille. Une première fois, il tente de se glisser parmi les hussards qui ont leur caserne à Monpenti. On le félicite, mais on le renvoie dans sa famille.

« L'an dernier, il s'en va à Toulon, s'insinue à bord de la *France*, et en route pour les Dardanelles ! Là-bas, il est choyé, mais maintenu à l'arrière, dans les services divers où il s'active mais se désespère. Le tonnerre des canons, le crépitement des balles l'enfièvrent, et un jour il se trouve dans la tranchée, presque au moment d'un assaut. Alors, ô splendeur de la fougue juvénile, ô beauté de l'amour du pays, au premier bond, sabre au clair, il franchit le parapet... Ce qu'il advint de Bianco ? Écoutez ces lignes magnifiques, cette stance d'ode plutôt, signée du général Cordonnier, qui cite à l'armée d'Orient le héros de treize ans :

« *Désiré Bianco, pupille du* 58e *régiment d'infanterie coloniale :*

« *Jeune enfant âgé de treize ans, n'écoutant que ses sentiments enthousiastes, est parvenu à se glisser sur le transport* la France, *avec les hommes du 58e régiment d'infanterie coloniale embarqués sur ce paquebot. Débarqué à Sedul-Bahr (Dardanelles), avec ce régiment, a pris part aux rudes attaques du début. A fait preuve de vaillance et de grand courage à l'assaut du 8 mai 1915 où il a été tué en s'élançant aux cris de : « En avant ! En avant! « A la baïonnette ! »*

Pour un de ces exemples exaltants qu'on aura connu et cité, combien d'autres et peut-être de milliers d'autres, resteront toujours ignorés ! Sachons-le bien, et ne l'oublions jamais, c'est contre la phalange de ces vaillances magnifiques et de ces âmes de saints et de martyrs que s'est surtout brisé le monstre Allemand ! Que le côté matériel et industriel des batailles ait pris une importance inconnue de l'ancien temps, et que le nombre et l'énormité des canons, l'avalanche des projectiles, la multiplicité et l'atrocité des engins, soient devenus l'un des premiers facteurs de la guerre, personne ne le met en doute. Mais la force et la grandeur d'âme, le fier mépris de la mort, l'enthousiasme dans le sacrifice, n'ont pas cessé, pour cela, d'y jouer leur rôle éternel. L'usine, et tout ce qu'elle peut vomir comme destruction, le monstrueux orgueil de la machine et l'épouvantable sauvagerie scientifique ne sont pas tout, et le dernier mot n'appartient pas toujours à la fureur de la brute. Il peut aussi rester à la beauté morale et à l'amour de la Patrie !

Décembre 1917.

PORTRAITS

DE LA BELLE FRANCE

Nous avons tous le souvenir de certains panoramas montagneux particulièrement exaltants par la multitude de leurs cimes, comme de certaines nuits plus éblouissantes que les autres par le fourmillement de leurs étoiles. C'est un peu une vision de cette sorte que nous donnent, depuis trois ans, les citations à l'Ordre de l'Armée. C'est comme un firmament de gloire et un panorama d'héroïsme, et rien n'y est plus caractéristique que l'infinie diversité des grades, des rangs, des âges et des qualités sociales. Le grand chef et le petit soldat, l'homme du peuple et l'homme du monde, le prêtre et l'instituteur, la religieuse et l'infirmière, le savant et l'illettré, le noble et le paysan, l'artiste et l'ouvrier, le vieux qui est déjà presque un vieillard et le jeune homme qui est encore presque un enfant, s'y mêlent dans une immense communion. Rien aussi n'émeut et ne force l'admiration comme les miracles d'audace, de grandeur ou de sacrifice, de tous les exploits cités, ou comme leur sublime monotonie. C'est le trompette blessé qui sonne sous la mitraille jusqu'à ce qu'elle lui arrache le bras, le général qui tombe en allant encourager la troupe dans la fournaise ou qui continue à dicter ses ordres en apprenant la mort de son fils, le sergent qui abat à lui seul toute une petite troupe de uhlans, le colonel qui va chercher de ses mains les mitrailleuses abandonnées par ses hommes, le soldat qui reste en observation dans un arbre jusqu'à ce qu'il soit trop criblé de balles pour pouvoir continuer à s'y cramponner, le cavalier tout couvert de blessures et qui livre encore des combats singuliers aux cavaliers ennemis à sa poursuite! Tous ces blessés, officiers ou soldats, qui oublient ainsi que leur sang coule tant qu'ils en ont encore à perdre, sont l'ordinaire et comme la banalité dans cette épique multitude. Des milliers d'images et de récits ont popularisé le cri fameux : *Debout les morts !* Inoubliable cri de légende qui paraît être sorti de milliers de bouches pour se répercuter, d'un bout de la guerre à l'autre, dans les milliers de cœurs qu'il fait battre !

Je n'ai nullement l'intention de choisir entre tant de héros, ni surtout de les classer et de leur assigner des rangs, mais simplement de présenter quelques-unes des figures qu'il m'a été plus spécialement possible d'étudier, et qui m'ont paru en résumer d'autres par la physionomie de leur vaillance ou de leurs milieux. C'est la belle France et la France immortelle, la France héroïque, la vraie et la bonne France, qui passe dans ces légions de preux et de martyrs dont la vision nous exalte, et c'est un peu d'elle que j'essaie de montrer dans la vie et la mort de quelques-uns d'entre eux !

I

LE COMTE DE PELLEPORT

Dans les premiers jours du mois d'août 1914, il y avait à Autun, à la 8e compagnie du 29e régiment d'infanterie, un soldat de seconde classe dont la popularité était l'événement de la ville. En même temps que simple fantassin dans sa compagnie, il était aussi, il est vrai, l'un des hommes les plus considérables de la région. Grand propriétaire en Nivernais, apparenté aux plus nobles familles du pays et porteur lui-même d'un beau nom, sa candidature à la Chambre, comme candidat conservateur et catholique, avait déjà révolutionné, une quinzaine d'années plus tôt, l'arrondissement de Château-Chinon, et sa personne elle-même ne pouvait guère passer inaperçue. Il avait une de ces figures de race, à la fois affinées et énergiques, qui attireront toujours l'attention, et au caractère aristocratique de laquelle ajoutait encore une imposante barbe blanche, comme celle d'un personnage de Rembrandt. C'était le comte de Pelleport. Il avait cinquante-neuf ans.

Wladimir de la Fite, marquis de Pelleport, plus habituellement appelé comte de Pelleport, restera comme l'une des figures les plus symboliquement héroïques de cette extraordinaire époque. Il conservait avec piété, après les avoir recherchées en fidèle de sa famille autant qu'en érudit, les preuves authentiques de sa noblesse, et la maison de la Fite de Pelleport, de vieille chevalerie de Guyenne, avait toujours été, pendant plus de sept cents ans, exclusivement et passionnément militaire. Arnaud-Guillaume de la Fite se croisait dès le milieu du XIIe siècle, Raymond de la Fite en 1198, et Bernard de la Fite en 1213. Des nombreuses branches formées par cette maison de la Fite, celle de Pelleport avait seule survécu. Tirant son nom de la terre de Pelleport restée pendant sept siècles entre ses mains, elle avait été, durant presque tout le

XVIIe siècle et le commencement du XVIIIe, propriétaire de deux régiments, Pelleport-infanterie et Pelleport-cavalerie. Devenu plus tard le 5e cuirassiers, Pelleport-cavalerie avait été presque entièrement détruit en Espagne sous Louis XIV, et le marquis de Pelleport du temps, lieutenant général des armées du Roi, s'était à peu près ruiné à le reconstituer. Mais les Pelleport n'en étaient pas moins toujours restés soldats dans le sang et, à plus d'un siècle de là, le petit-fils du lieutenant général, Louis-Joseph de la Fite de Pelleport, ancien lieutenant au régiment d'Artois, avait encore servi sous Napoléon, après avoir émigré. Fait prisonnier par les Russes au siège de Dantzig, puis interné en Courlande, il s'y était marié, y était mort, et son fils Wladimir de Pelleport était alors rentré en France, pour s'y engager dans les lanciers, qu'il quittait à la fin de son engagement. Il devait être le père du vieux soldat à barbe blanche dont la présence à Autun, au début de ce tragique mois d'août 1914, causait une si profonde émotion, et sous la simple capote duquel revivaient, à ce moment de réveil et d'exaltation, sept cents ans de noblesse militaire.

Descendant de cette lignée illustre mais dont les derniers représentants, dispersés et ruinés par la Révolution, avaient connu tous les revers, le comte de Pelleport, une quarantaine d'années auparavant, était entré dans le monde par la porte douloureuse. Fort lettré, mais pauvre, son père, après son passage aux lanciers, avait suivi la carrière littéraire à laquelle l'appelait un sérieux talent d'écrivain, et toute son existence, dans les lettres comme dans l'armée, n'avait guère été qu'une lutte des plus dures contre les difficultés de la vie. Il mourait en 1870, et son fils, âgé seulement alors de treize ans, rappelait lui-même plus tard ces mélancoliques et chères années de son enfance dans une lettre admirable de culte filial pour la mémoire malheureuse mais aimée et vénérée de ses parents. Sa mère était Écossaise et, profondément tendre, avait en même temps une virilité et une élévation de sentiments dignes des héroïnes des vieilles ballades celtiques. Il faisait ses études au lycée de Versailles, et son père, les jours de congé, l'emmenait faire de grandes promenades dans les bois, lui apprenant à en admirer la beauté, et lui parlant de la nature, de Dieu, d'honneur, de gloire, de mille choses grandioses ou sublimes. Jamais l'enfant n'avait oublié ces leçons, données avec cette tendresse, par ce père malheureux, dans le cadre de ces forêts. Elles lui étaient pour toujours restées dans le cœur, et n'avaient pas peu contribué à faire de lui l'homme chevaleresque et religieux qu'il devait être, fier de sa race, comprenant la beauté du travail et du sacrifice, et n'hésitant jamais devant ce qu'ordonnait le devoir ou ce que lui imposait son nom. Resté seul à treize ans avec sa mère, et sans fortune, il s'adaptait tout de suite à sa position, travaillait, et, reçu dans un bon rang à l'École centrale, partait à dix-neuf ans pour l'Égypte, où il allait remplir un emploi d'ingénieur et devait bientôt trouver une fortune inespérée.

D'une intelligence et d'une information remarquablement appropriées à son poste, et parlant toutes les langues, y compris l'arabe, il devenait très vite ingénieur en chef des domaines de l'État égyptien et, pendant plus de dix ans, occupait là-bas, en cette qualité, une situation des plus hautes. Tous les personnages de marque, diplomates ou militaires, résidant alors au Caire, savaient de quelle autorité y jouissait M. de la Fite. Car il n'avait encore voulu s'appeler que M. de la Fite, ne se regardant toujours que comme un cadet gagnant sa vie, et ne se considérant pas comme suffisamment autorisé à porter son titre. Puis, en 1887, pendant un de ses congés passés en France, il avait épousé Mlle de Ruffi de Pontevès Gévaudan, fille du colonel de Pontevès, et quitté l'Égypte quatre ans après, pour venir s'installer dans le pays de sa femme, en Nivernais, au château de Champlevrier. Vivant alors dans ses domaines, et désormais indépendant, il n'avait plus aperçu d'objections à s'appeler le comte de Pelleport, et c'était là que, vingt-quatre ans plus tard, la guerre de 1914 le retrouvait père et grand-père, ayant un fils officier d'avenir et déjà marié, une fille mariée également, et deux jeunes filles. Fier de ses enfants, aimé d'eux, résidant toute l'année dans son château, heureux de sa vie rurale, il n'y connaissait toujours pour guides, à la veille de ses soixante ans, que le devoir et l'honneur du nom !

A proximité de Chiddes, petit bourg de l'arrondissement de Château-Chinon, Champlevrier est un ancien castel féodal entouré d'ombrages et de pièces d'eau et, le soir du 1er août, M. et Mme de Pelleport s'y disposaient à aller dîner chez des parents avec leur fille aînée, Mme de Quérézieux, en ce moment chez eux, et leurs deux jeunes filles, quand ils entendaient sonner le tocsin. Il était six heures, la journée avait été très chaude, toutes les fenêtres étaient ouvertes, et les tintements, venus d'abord de l'église neuve du village, puis du vieux clocher où l'on ne sonnait pourtant plus depuis des années, semblaient même encore arriver d'autres églises plus lointaines. Les nouvelles, toute la semaine, avaient été si alarmantes, et toutes ces sonneries étaient si étranges, qu'on pouvait se demander si elles n'annonçaient pas la guerre, mais M. de Pelleport ne voulait pas y croire, et disait à sa femme et à ses filles :

— L'omnibus est attelé, et nous ne pouvons plus attendre... Partez... Je vous rejoindrai en route... Je vais aller savoir pourquoi on sonne...

Mme de Pelleport recommandait alors au cocher d'aller au pas, pour donner le temps à son mari de revenir, mais on était à peine à mi-chemin de l'avenue qu'il reparaissait en hâte à l'autre bout, faisait signe à l'omnibus d'arrêter, et disait en arrivant :

— Eh bien ! c'est la guerre... Nous ne sortirons pas... On va rentrer à la maison...

En même temps, il prenait les chevaux par la bride, et leur faisait faire lui-même demi-tour pour les reconduire au château.

M. de Pelleport n'avait jamais caché son intention de partir, en cas de guerre, et ses idées, sur ce point comme sur beaucoup d'autres, avaient toujours été très arrêtées. Il estimait que, dans certaines grandes circonstances, les hommes de sa condition ne faisaient pas leur devoir lorsqu'ils ne faisaient pas davantage, et annonçait, le soir même, à Mme de Pelleport, qu'il irait, dès le lendemain, s'engager à Autun. Elle essayait alors, tout en admirant sa résolution, de lui rappeler qu'il n'était pas bien portant et qu'elle allait être bien seule pour administrer leurs propriétés, mais il ne se rendait pas à ces raisons, et lui répondait simplement :

— C'est vrai, mais nous devons donner l'exemple... Les gens de notre rang ont des obligations qui ne sont pas celles de tout le monde, et je dois partir... J'irai dès demain à Autun.

Le lendemain, les trains chargés de soldats ne prenaient plus de voyageurs, mais cette difficulté ne l'arrêtait pas. Il empruntait l'automobile d'un ami, revenait le même jour avec son engagement au 29e d'infanterie, et rapportait en même temps tout ce qu'il fallait pour s'équiper. Il était de retour à quatre heures, et sa fille aînée, Mme de Quérézieux, en l'apercevant de loin à côté du chauffeur, disait tout de suite à sa mère :

— Papa a réussi, vois comme il a l'air heureux !

En effet, il rayonnait, et commençait immédiatement ses préparatifs de départ. C'était un dimanche, il devait rejoindre son régiment le surlendemain, et de bonne heure, le lundi, il assistait d'abord à la messe en uniforme avec sa famille, communiait, employait sa journée à mettre ses affaires en ordre, passait une dernière soirée au milieu des siens, et le mardi, dès le matin, faisait ses adieux à tous. Il embrassait sa femme et ses filles, les chargeait d'embrasser pour lui sa belle-fille et son petit-fils, et serrait la main à ses domestiques. Puis, très calme, silencieux, pendant que chacun évitait également de parler pour ne pas laisser éclater son émotion, il montait dans l'auto qui l'emportait.

Dans le pays et les environs, il n'était bruit, cependant, que de son engagement, et son arrivée à Autun, où chacun l'avait tout de suite reconnu, provoquait l'enthousiasme général. Il écrivait chaque jour à sa femme et à ses filles, « à ses chéries », comme il aime à les appeler dans ses lettres, et n'y revient pas de surprise à toutes les ovations dont il est l'objet. D'abord, il se rendait à la tannerie dont on avait fait la caserne, et ne rencontrait déjà partout que des chapeaux et des mains qui s'agitaient en son honneur. Ensuite, il allait déjeuner à l'hôtel de la Poste, et tous les officiers, dans les cafés, se levaient sur son passage en faisant le salut militaire. A l'hôtel même, il venait à peine de prendre sa place que son colonel et tout l'état-major entraient s'installer à la table près de la sienne, et le fêtaient aussi de toutes les manières. Son repas terminé, il allait prendre le café dans un autre établissement, mais retombait, là encore, au milieu de jeunes officiers qui venaient tous défiler devant lui en touchant respectueusement leur képi et en demandant à lui serrer la main. Il écrivait alors à Mme de Pelleport qu'il était « honteux » mais heureux, car il sentait qu'il « faisait du bien », et le sentait surtout à la caserne où il voyait de jeunes soldats le regarder furtivement « avec des larmes dans les yeux... » Enfin, il avait passé sa première nuit à la tannerie, couché sur la paille avec la troupe, et s'était levé à trois heures et demie du matin, pour assister à la messe à la cathédrale. Il y avait là plus de six cents soldats, tout le corps d'officiers, colonel en tête, et une communion générale couronnait la cérémonie.

Puis, toute la matinée, partout où il se montrait, les manifestations recommençaient encore, et l'une d'elles, dans l'après-midi, les dépassait toutes. Sa compagnie avait été désignée pour aller chercher le drapeau chez le colonel, et il défilait au premier rang, sac au dos et fusil sur l'épaule, quand un grand gaillard de civil s'était tout à coup élancé vers lui et l'avait embrassé à l'étouffer, en tâchant de le faire sortir du peloton, pour le présenter à la foule qui éclatait en acclamations.

Vingt-quatre heures plus tard, le 29ᵉ était en route pour le front, et M. de Pelleport, dès la première étape, télégraphiait à sa femme : « Santé excellente, moral général et particulier parfait. » Le lendemain, d'un autre village où il disposait d'un peu plus de temps et de papier, il lui écrivait que le cuisinier de la compagnie pouvait faire concurrence à leur cuisinière de Champlevrier, tant la nourriture était bonne ! On marchait cependant à marches forcées, par une température torride, et beaucoup d'hommes tombaient de chaleur ou d'épuisement, mais il résistait et supportait toutes les fatigues avec une endurance merveilleuse. A peine avait-on le temps, aux haltes, de faire et de boire le café, ou de se baigner et de nettoyer son linge quand on était près d'une rivière. Un coup de sifflet, brusquement, ordonnait le rassemblement, et il fallait repartir à la seconde, renverser les gamelles, ramasser sa chemise et son caleçon tout trempés. Mais M. de Pelleport ne s'en plaignait pas, sa bonne humeur n'en était pas altérée, et toutes ces alertes l'amusaient. Il voyait sans le moindre chagrin le café s'en aller au vent, et se rhabillait gaiement, malgré ses cinquante-neuf ans et sa barbe blanche, avec ses effets mouillés. A l'occasion, pourtant, il n'échappait pas sans plaisir à la promiscuité du bivouac, et rendait grâce à la Providence lorsqu'elle lui procurait un lit. Un soir, il en trouvait un chez une vieille demoiselle et lui en gardait une profonde reconnaissance. Un autre soir, c'était au presbytère d'un village, et le bon curé, le lendemain matin, lui remplissait même sa gourde, au moment du départ, « d'une exquise eau-de-vie de poires sauvages », dont il ne peut s'empêcher de parler dans une lettre à sa famille.

Mais on entrait bientôt en Meurthe-et-Moselle, et le 12 août, à Fontenoy-la-Joute, où la division s'était arrêtée, le général, en voyant passer le soldat Pelleport, lui faisait signe d'approcher pour le féliciter, le faisait rester à côté de lui pendant la lecture d'une proclamation pour laquelle on venait de battre le rappel, et disait ensuite au colonel :

— Colonel, aussitôt après le premier combat, vous nommerez Pelleport premier soldat... C'est le premier grade, et le plus beau !

Puis, il lui touchait la poitrine :

— Et après, ce sera la croix !

Le surlendemain, on avait franchi la frontière, le canon tonnait, et à Douesvres, vers midi, en débouchant devant un bois, la 8e compagnie était reçue par une grêle de balles.

— En avant ! criait M. de Pelleport sous la fusillade, en voyant tomber raide mort son voisin de gauche, le premier tireur de la section.

Et il se précipitait à l'attaque, suivi par toute la compagnie.

Les Allemands prenaient la fuite, on les poursuivait jusqu'au village, et M. de Pelleport, toujours en avant, sous les balles qui continuaient à pleuvoir, arrivait le premier avec son capitaine sur le mur crénelé du cimetière. Il n'avait même pas ralenti son élan, et revenait seulement ensuite sur ses pas, pour panser un homme tombé par terre et qu'il entendait se plaindre derrière lui... Le soir, il était nommé premier soldat !

« Je t'écris de chez le maire de Richeval, annonçait-il le jour suivant à Mme de Pelleport... Nous avons passé la frontière hier soir à dix-sept heures, et arraché le poteau aux couleurs allemandes. Il pleuvait à torrents, j'ai cherché à t'envoyer un télégramme pour souhaiter la fête à toutes nos chéries... Impossible !... J'ai reçu le baptême du feu, et je crois m'être conduit en vrai Pelleport... On commande sac au dos, au revoir. » Et, d'Aspach : « Quelle joie pour moi, ce matin ! j'ai reçu trois lettres de toi et un billet de Guillemette. Je suis si heureux de vous savoir tous bien portants !... Un régiment allemand entier s'est rendu, le 109e, colonel en tête. Nous avons pris dix-neuf camions automobiles superbes, une auto de luxe avec quatre officiers allemands... Nous marchons sans arrêt, absolument comme les anciennes légions de César... »

Le lendemain, à Sarrebourg, on se battait encore, mais on n'y retrouvait plus la même chance. Des bataillons entiers y succombaient, et c'était seulement cinq jours après le combat que le premier soldat Pelleport pouvait écrire à sa femme : « 25 *août* 1914, 10 *heures du matin.* — J'ai été blessé à la cuisse droite, le 20... J'ai été ramassé par les Allemands qui me traitent bien... je suis à Saaraltrof... Embrasse Poucette, Zizi, Lili, Gaston, Loulou, Pierre et Guillemette... » Puis, le même jour encore : « 25 *août, Saaraltrof,* 1914, *je crois* 13 *heures.* — Je t'ai écrit deux cartes postales ce matin. Je te disais que j'avais été blessé le jeudi, à la deuxième journée de la bataille de Sarrebourg... Vers midi et demi, notre compagnie, la 8e, avait été désignée avec la 7e pour aller remplacer notre troisième bataillon qui avait dû reculer, écrasé par l'artillerie ennemie. Nous sommes partis vers vingt-trois heures et nous nous sommes glissés en silence, malgré les projecteurs allemands, tout à fait en première ligne, le long des bords de la

Sarre. Nous avons assisté là au feu le plus infernal qui se puisse concevoir, de cinq heures du matin à midi. Nous n'avons pas perdu un homme, nous étions trop près des Allemands, et nous aurions pu tenir encore lorsque notre capitaine a commandé baïonnette au canon pour charger. La compagnie n'a pu rien faire. Je suis tombé aussitôt, une balle ayant pénétré, avec une force terrible, dans le haut de la cuisse... Heureusement, elle est sortie, et j'espère qu'elle n'a rien laissé dans la plaie, qui est longue... »

Cette dernière lettre n'avait pas été achevée, et l'héroïque blessé s'y trompait sur sa blessure, causée non par une balle, mais par un éclat d'obus, et qui était mortelle. De l'ambulance où ils l'avaient d'abord recueilli, les Allemands le transportaient à l'hôpital d'Heilbronn, il y expirait en arrivant, et on avait alors retrouvé la lettre sur lui...

Dans les premiers jours de mars 1915, la comtesse de Pelleport recevait la communication officielle suivante :

... ARMÉE
... CORPS DARMÉE
... DIVISION
... BRIGADE
29e RÉGIMENT D'INFANTERIE
—
N° 330
—

LIEUTENANT-COLONEL P...,
Commandant le 29e régiment d'infanterie.

4 mars 1915.

« Madame la comtesse de Pelleport,

« *J'ai l'honneur de vous faire parvenir une citation à l'ordre de l'armée du soldat de Pelleport.*

« *Le 29e régiment tout entier applaudit de grand cœur à cette citation si hautement méritée.*

« *Le comte de Pelleport s'est noblement conduit pour la plus grande gloire de son nom et pour l'honneur de sa maison.*

« *Signé* : P... »

Et on lisait, en effet, à l'*Officiel* :

DE PELLEPORT (Wladimir), *soldat de première classe au 29e régiment d'infanterie. — A donné le plus bel exemple de patriotisme en s'engageant à cinquante-neuf ans pour la durée de la guerre; a pris part à toutes les opérations du début de la campagne, faisant l'admiration du régiment par son endurance, son entrain et la beauté de son caractère; le* 20 *août, à Sarrebourg, s'est précipité à l'assaut en tête de sa compagnie, a eu la cuisse fracassée par un éclat d'obus. Est mort au champ d'honneur.*

ROQUES.

A sept mois de là, en septembre suivant, après plus d'une année d'héroïques services, et proposé lui-même par ses chefs pour la croix de la Légion d'honneur, le fils du comte de Pelleport, le jeune lieutenant de Pelleport, obtenait quelques jours de permission, et venait les passer à Champlevrier, où il savait retrouver les siens. On devine la profondeur de son émotion en revoyant, après si longtemps, dans son cadre d'eaux et d'ombrages, le vieux castel paternel. Mais il la ressentait encore plus violente en entrant dans le bureau même de son père, et là, son cœur débordait. Car tout parlait trop haut du héros au milieu de toutes ces choses où il avait si longtemps vécu, ou qui rappelaient si douloureusement sa mémoire, depuis les papiers et les livres si souvent feuilletés par ses mains et les glorieuses archives de famille où dormaient, comme dans un trésor, sept cents ans de sacrifice à la patrie, jusqu'à son grand portrait en soldat d'où son regard vous suivait encore, et où il semblait toujours vivre !

II

UN PETIT LIBRAIRE PARISIEN

Un matin de novembre 1915, les élèves du lycée Carnot, habitués à venir faire leurs achats de plumes et de cahiers à la petite librairie-papeterie voisine du collège, la trouvaient fermée pour cause de décès. Le libraire, M. Munier, était mort pendant la nuit, et une lettre encadrée de noir l'annonçait à la clientèle, sur les volets de la boutique. Décoré de la médaille militaire et de la croix de guerre, chevalier de la Légion d'honneur, engagé volontaire au 104e d'infanterie et gravement blessé en Champagne, il venait de succomber à ses blessures, et son histoire aurait pu s'ajouter à celles des héros classiques cités dans les manuels qu'il vendait à sa clientèle d'écoliers.

Quarante et un ans auparavant, le jeune Munier, âgé alors de douze ans, était entré comme apprenti à l'imprimerie Chaix. Puis, obligé de passer par le régiment, et déjà cocardier dans l'âme, il partait comme volontaire pour le Tonkin, d'où il revenait, au bout de six ans, médaillé militaire et sergent-major. Il n'eût pas fallu grand'chose pour le retenir alors dans l'armée, mais il n'aimait pas qu'elle. Il avait laissé une fiancée en France, et l'amour parlait plus haut chez lui que l'amour des armes. Il se mariait, une sœur de sa femme se mariait aussi le même jour, et les deux mariages se célébraient ensemble. Un même repas réunissait, le soir, les deux noces dans un restaurant du boulevard de la Chapelle et, le dîner fini, le bal allait commencer, lorsque le patron de l'établissement se précipitait dans la salle en prévenant que le plafond n'était pas solide et que les danses étaient interdites. On n'en avait ri que davantage, mais le ménage Munier n'avait plus songé, dès le lendemain, qu'à la vie sérieuse. Mme Munier était couturière, Munier rentrait à la maison Chaix, et ils travaillaient ainsi quelques années chacun de son métier, quand il avait voulu devenir patron, et pris le petit magasin de librairie dont le fonds était à céder dans le haut du boulevard Malesherbes, en face du lycée Carnot. Ils devaient y rester vingt ans.

D'une honnêteté qui aurait pu passer en proverbe, et depuis vingt ans dans leur quartier, les Munier y jouissaient d'une estime et d'une sympathie toutes particulières. Ils avaient trois enfants; deux fils et une fille, et l'aîné des fils, Albert, déjà marié et père de famille, était compositeur-typographe et travaillait dans la maison. Mme Munier avait renoncé à son état de couturière pour se consacrer aux affaires de son mari. La jeune fille, Mlle Simone, tenait la comptabilité de la boutique, et le second fils, le dernier, était apprenti dans la maison Chaix, comme l'avait été son père. Une sœur de Munier, enfin, mariée à un employé de banque, aidait sa belle-sœur et sa nièce dans la tenue de la librairie. Aussi unis entre eux que passionnés pour leur profession, ils faisaient penser à ces belles et laborieuses familles d'artisans de l'Ancien Régime, dont les traditions de vaillance, d'attachement à leur métier et de moralité étaient si fortes. Au milieu des difficultés qui ne leur avaient pas été épargnées, mais dont leur courage avait triomphé, ils avaient toujours vécu en même temps dans une de ces ententes domestiques où toutes les peines s'adoucissent, et l'une des femmes de la famille pouvait dire un jour à quelqu'un qui admirait cette union intime :

— En effet, nous nous aimons bien... On peut s'aimer autant, mais pas davantage !

En véritable héritier des artisans de la vieille France, Munier n'avait pas simplement voulu devenir patron, mais visé un but plus élevé, et rêvé de perfectionner son métier. A la boutique du boulevard il ajoutait, d'abord, dans la maison même, une petite imprimerie qui lui permettait de fournir à sa clientèle des lettres de faire-part et des cartes de visite. D'autres travaux plus sérieux lui arrivant plus tard, il louait, rue Cardinet, à proximité de son magasin, un local plus important où il pouvait engager des ouvriers et où son fils Albert faisait son apprentissage. Puis, les commandes continuant à se multiplier, il avait jugé le moment venu de réaliser son rêve, et fait élever, à Levallois, sur un terrain de la rue de la Gare, de vastes ateliers construits en vue de ses projets. La petite librairie était dès lors entièrement restée aux soins de sa femme et de sa sœur, secondées par Mlle Simone, et l'imprimerie avait absorbé toute son activité. Elle représentait une affaire considérable, mais devait lui créer aussi les plus grands soucis, et le mettre aux prises avec les embarras financiers, le mauvais esprit des ouvriers et l'hostilité des concurrents. L'insuccès s'en était suivi, malgré la valeur de l'œuvre, et sa sensibilité d'artiste, comme sa délicatesse d'honnête homme, en avaient cruellement souffert, mais il en était sorti l'honneur intact, grâce à son énergie et au dévouement des siens. Personne, dans la famille, durant ces années difficiles, n'avait même pensé à se donner un plaisir ou à prendre un jour de congé. Toujours à la besogne et à la peine, ils avaient tout surmonté en s'aimant et en travaillant.

Sur l'homme et le Français qu'était Munier, la déclaration de guerre produisait un effet magique. Le soir même de la mobilisation, il avait déjà tout acheté pour s'équiper, et courait, dès le lendemain, au bureau de son secteur pour y contracter un engagement. Ancien sergent-major, vieux soldat colonial, médaillé militaire, comptant six ans de campagnes au Tonkin, il entendait bien aller au feu, comme son fils Albert, déjà rappelé sous les drapeaux! Malheureusement, il avait cinquante-trois ans, peu de santé, et le conseil de revision le réformait. Désolé, mais d'autant plus résolu, il tentait sans plus de succès une seconde épreuve, échouait successivement devant trois ou quatre conseils, en venait, en désespoir de cause, à se donner dix ans de moins pour tromper les commissions, n'en trompait aucune, et ne cessait ainsi, pendant une quinzaine de jours, de se faire inutilement ballotter d'une caserne à l'autre, lorsque sa sœur, en passant un après-midi à la librairie, trouvait sur le comptoir une feuille de papier blanc, où était triomphalement griffonné : *Il y a du bon pour le 104!* S'obstinant toujours, il avait fini, en effet, par écrire au commandant même du dépôt où était son fils, qu'il était un médaillé militaire, un ancien sergent-major, un vieux soldat du Tonkin, qu'il avait un fils au 104e, et qu'il demandait à partir avec lui. « Passez encore à la visite, lui avait répondu le commandant, et je vous accepte de grand cœur. » Alors, il avait couru tout joyeux à la boutique, y avait laissé le fameux papier : *Il y a du bon pour le 104*, et, le soir même, était incorporé dans la même compagnie qu'Albert... Père et fils, quelques semaines plus tard, partaient ensemble pour le feu...

Dès son arrivée au front, Munier était nommé adjudant, et chargé, pour ses débuts, de gros travaux de tranchées assez durs pour les recrues dont se composait presque exclusivement sa compagnie, il arrivait, mais non sans peine, à les leur faire exécuter. En entendant son fils l'appeler « Papa », tous ces jeunes soldats s'étaient mis à l'appeler de même, et, tout en ne voulant pas faire de peine à « Papa », tout en l'aimant même pour sa bonté et son entrain, ils ne lui obéissaient pas toujours très vite. Alors, sans se fâcher, mais commandant d'exemple, il allait chercher lui-même les poutres et les sacs de terre, les chargeait sur son dos, les apportait, et disait en les déposant :

— Allons, les enfants, tenez, moi qui suis vieux, je travaille bien... Travaillez donc, vous qui êtes jeunes!... Allons, voyons, un petit peu de cœur!... Tenez, ça n'est pas plus difficile que ça... Faites comme moi, c'est pour la France!...

Et ils finissaient par travailler, portaient comme lui les poutres et les sacs, les pierres, les troncs, les grosses branches, et Albert écrivait à la famille : « Papa est le plus jeune de tous, il entraîne toute la compagnie! »

Il enseignait déjà ainsi l'endurance à ses jeunes gens, mais n'allait pas tarder à leur enseigner aussi la bravoure, car le danger, pour lui, ne semblait même pas exister. Quels que fussent l'atrocité de la mitraille, la fureur du bombardement, le déchaînement et la masse des assaillants, il était toujours le même, tranquille, gai, bonhomme, paternellement intrépide, et ses hommes, au bout d'une année de guerre, avaient déjà supporté, à son exemple, tout ce que peuvent avoir à supporter des soldats, l'écrasante vie des tranchées, les journées et les nuits dans l'eau ou dans la boue, les obus, les gaz asphyxiants, les désespérances d'une usure plus terrible que les combats, lorsque la grande trouée de Champagne commençait.

La bataille s'engageait dans les premiers jours de l'automne et, le 25 septembre, à Auberive, le 104e attaquait un fortin. Le feu de l'ennemi était terrible, mais il fallait enlever l'ouvrage coûte que coûte, la compagnie de Munier avait reçu l'ordre de charger, et il lui criait dans l'ouragan :

— Allons, les enfants, en avant!

Mais la mitraille crachait avec tant de rage qu'ils ne semblaient pas vouloir l'affronter.

— Allons, leur répétait-il d'une voix plus vibrante, en avant!

Mais ils ne bougeaient toujours pas, et il commençait à s'inquiéter de l'immobilité où ils restaient, tout en cherchant les regards qui pourraient répondre au sien, lorsque ses yeux rencontraient ceux de son fils, et il lui criait alors de toute la force de ses poumons :

— Allons, mon fils, en avant!... *Vas-y*,

c'est pour la France !... En avant, mon fils, en avant !

Et il se précipitait à la charge, suivi enfin par ses hommes qui se décidaient à marcher. Le feu les fauchait tout autour de lui, faisait des vides, trouait les rangs, et « Papa », à un moment, voyait son fils rouler dans la mêlée, puis se redresser et se remettre à courir, et tombait tout à coup lui-même, mais sans pouvoir se relever...

Il était blessé à mort, et on le transportait dans un hôpital-annexe où le bonheur de revoir sa femme et sa fille, la joie d'être cité à l'ordre de l'armée, de recevoir la croix de guerre et celle de la Légion d'honneur, lui faisaient supporter le chagrin de ne plus être à la bataille. Il souffrait, mais ne se plaignait pas, causait, racontait ses combats, et disait alors de ses hommes :

— Ah ! les pauvres enfants... Ils sont bien gentils, et je les aimais bien, mais ils ne savent pas ce qu'est la France... Ah !... Il faudra leur apprendre la France !

Quelquefois, il se sentait mieux, et retrouvait des mots de gaîté.

— Voyons, Munier, lui dit un jour le chirurgien, vous êtes un brave, et on peut vous parler ?

— Parlez, docteur !

— Eh bien ! vous n'allez pas pouvoir garder cette jambe... Il va falloir en faire le sacrifice.

— Diable, répondait-il, c'est ennuyeux... Je ne pourrai pas danser à la noce de Simone !...

Et il se rappelait son mariage où l'on n'avait déjà pas dansé, à cause du plafond qui n'était pas solide.

On l'opérait, mais la gangrène n'en était pas conjurée, il commençait à délirer, et des visions héroïques traversaient alors son délire.

On l'entendait murmurer :

— Ah ! les zouaves, comme ils courent !... Comme ils courent, les zouaves, comme ils courent !

Ou bien :

— Ah ! si tout le monde voulait y aller avec cœur !... Mais ils ne connaissent pas la France !... Ah ! les pauvres enfants... Il faudra leur apprendre la France !

D'autres fois, il paraissait se réveiller, et remerciait doucement les Sœurs... Ou bien encore, il regardait ses croix épinglées devant lui sur le rideau de son lit, et les contemplait en silence. Puis, le délire le reprenait, et il murmurait de nouveau :

— Ah ! comme ils courent, les zouaves !... Comme ils courent, comme ils courent !...

Les siens, cependant, avaient perdu tout espoir. On pleurait dans la petite librairie, et les ouvriers de la maison Chaix, où le second fils du blessé faisait son apprentissage, ne parlaient plus eux-mêmes que de leur camarade mourant. Ils avaient imprimé sur papier de luxe la citation à l'ordre de l'armée, l'avaient affichée sur les murs de l'atelier, et on y lisait en caractères artistiques :

MUNIER (Albert-Ernest), *Mle 8424, adjudant au 104e régiment d'infanterie : âgé de cinquante-trois ans, s'est engagé pour la durée de la guerre. Sous-officier énergique, actif, zélé, très brave, ayant beaucoup de sang-froid. A fait preuve, aux combats de février et mars 1915 et aux opérations de septembre 1915, du plus complet mépris du danger. Le 25 septembre 1915, au moment de l'assaut, a crié à son fils, soldat : « Allons, mon fils, vas-y pour la France! » Son fils a été blessé devant lui, il a été lui-même très grièvement blessé et ne s'est laissé évacuer qu'après l'enlèvement du fortin attaqué par son bataillon.*

— Tiens, disaient les ouvriers de la maison au petit Munier en lui montrant la citation, regarde bien, tu vois?... Seras-tu digne de ton père ?

— Oh! oui, leur répondait-il, oui, je serai digne de lui!

Un jour, en lui voyant donner la croix de la Légion d'honneur, il s'était déjà écrié, tout ému, dans un mouvement d'exaltation naïve :

— C'est le plus beau jour de ma vie!...

L'adjudant Munier était tombé à Auberive le 25 septembre 1915, sa nomination de chevalier de la Légion d'honneur était du 6 octobre suivant, la citation à l'ordre de l'armée du 14 novembre, et c'était quinze jours après que les élèves du lycée pouvaient lire, un matin, sur les volets de la librairie Carnot, en venant y faire leurs achats, avant de se rendre à la classe :

Fermé pour cause de décès.

III

LE GÉNÉRAL DE GRANDMAISON

Le 19 février 1915, une automobile partie de Paris avant le jour arrivait à Soissons sur les neuf heures, et l'un des voyageurs, celui qui a laissé de ce voyage matinal la belle et saisissante relation anonyme intitulée : *La Mort du Chef*, demandait au sous-officier du premier poste de la ville :

— Où a-t-on mis le général blessé hier ?

— Mais il a été tué, messieurs, répondait le sous-officier... Il est mort ce matin...

Le voyageur, une demi-heure plus tard, se trouvait au Grand-Hôpital, auprès du lit où l'on avait couché le général, et trace de lui ce portrait funèbre : « Dans une vaste chambre pleine de lumière, le corps du chef repose dans son grand manteau militaire bleu d'horizon, presque trop clair. Aucun insigne autre que les trois étoiles sur la manche. Au-dessus du lit, le képi porte la ganse blanche, symbole des pouvoirs et prérogatives du chef de corps. Sur la poitrine, un crucifix; dans les mains jointes, un petit chapelet qu'il avait réclamé lui-même au cours de la campagne. La croix de commandeur déborde un peu sur le manteau. Jamais il ne m'avait paru si beau... Au-dessus du vaste front, le profil d'aigle, les yeux clos, un peu enfoncés, et, couvrant les lèvres pâlies, une moustache à peine grisonnante. En le voyant ainsi, on se rappelle instinctivement l'image du maréchal Lannes sur son lit de mort. Trente ans de travail acharné ; une science militaire hors ligne, acquise sur le terrain plus encore que dans les livres ; une rare culture générale ; les dons de l'organisateur et du tacticien, ordinairement séparés, réunis chez lui ; un courage froid, délibéré, invincible, tout cela repose sur ce petit lit d'hôpital. Dieu est le maître ! »

Et c'est bien, en effet, une grande figure de chef que le général de Grandmaison, homme de spéculations intellectuelles autant que d'opérations stratégiques, religieux et guerrier au point d'être à la fois la guerre et la piété mêmes, n'ayant jamais omis de lire chaque jour en campagne quelque passage d'un Évangile en latin qui ne le quittait pas, et le plus audacieux théoricien militaire qu'ait peut-être connu l'École !

Une vingtaine d'années avant les événements de 1914, le capitaine de Grandmaison, au retour d'une campagne au Tonkin, publiait un volume : *En Territoire militaire*, où se révélait une conception singulièrement haute de la colonisation, en même temps qu'un sens des plus sûrs du réalisme historique et politique. Toute colonisation, dans son esprit, devait être une œuvre civilisatrice entreprise avant tout dans l'intérêt moral et matériel des colonisés. Leur apporter un idéal, une langue et une religion destinés à les relever et à les élever, là n'était pas seulement le devoir, mais la véritable habileté et le véritable intérêt économique. Les avantages commerciaux arrivaient ensuite par surcroît. Comment, d'ailleurs, la France était-elle allée au Tonkin? Dans quel dessein? Pour quelles raisons bien définies? Le jeune officier ne les voyait pas, et notait seulement qu'elle semblait être venue à l'étourdie dans un pays où elle avait ensuite envoyé des agents qui ne connaissaient rien de son esprit ni de son histoire, exposés par là même à y accumuler les fautes, et qui n'y avaient pas manqué. Dans ce départ inexpliqué pour des latitudes où l'on ne savait pas exactement ce qu'on allait faire, ne fallait-il donc voir que la fantaisie d'une politique sans dessein? Le capitaine de Grandmaison ne le pensait pas, et retrouvait là le signe mystérieux, mais certain, de notre mission dans le monde, l'invisible main qui nous avait toujours conduit chez les peuples inférieurs, pour y faire, tôt ou tard, ce que nous devions providentiellement y faire. Et ces hautes théories, où passait comme un souffle de Bossuet et de Joseph de Maistre, s'entouraient en même temps des plus nombreuses et des plus fortes observations sur les traditions et la mentalité des races et des classes composant la population de ces contrées, leur passé, leur présent et le véritable fond de leurs tendances ou de leurs répugnances. Une étude raisonnée et détaillée de l'occupation militaire, où reparaissaient ensuite le technicien et le spécialiste, complétait ces observations de fait groupées en un ensemble savant sous l'élévation de la conception générale, et ajoutait encore à la valeur de l'ouvrage. L'Institut ne s'y était pas trompé, et lui avait discerné le prix Furtado.

A treize ans de là, le capitaine était devenu colonel, et professait au Centre des Hautes Études établi aux Invalides où ses conférences faisaient sensation. Quelqu'un devait même dire un jour que les hautes études militaires n'avaient réellement daté chez nous que de ces leçons, et elles apportaient, en effet, une interprétation singulièrement audacieuse de ce qu'on définissait la « notion de sûreté » et la « défense offensive ».

Le but de nos règlements, enseignait le conférencier, est de mettre les troupes envoyées au combat dans les meilleures conditions de sûreté, et le principe en est hors de cause. Mais où est la véritable sûreté?

Est-elle bien toujours dans le soin de se « couvrir », et la recherche du moindre « risque ? » Ne sera-t-elle pas souvent, à la condition de s'y être préparé, dans la puissance et la soudaineté de l'élan? La façon la plus sûre de se garder contre l'ennemi n'est-elle pas de l'annihiler, et comme de le supprimer dès l'abord, sans lui laisser le temps de se reconnaître, en le frappant de stupeur et d'étourdissement? Ne faudra-t-il pas, dès lors, en faisant ainsi consister la vraie « sûreté » dans le foudroiement immédiat de l'adversaire, précisément dédaigner le « risque » et ne plus exclusivement songer à se « couvrir ? » Ne devra-t-on pas voir la condition de la victoire dans la « capacité de l'attaque », et non dans le souci de la protection? Le principe de la « défense offensive » une fois admis, la véritable « défense offensive » n'est-elle pas là? Pour arriver, toutefois, à ce dédain du « risque » et à cette fureur dans l'attaque, destinés à jeter tout de suite l'adversaire dans l'incapacité morale de combattre, il sera évidemment indispensable de s'entraîner à un état d'esprit où l'on deviendra capable de « l'impossible », où ce qui semble irréalisable en dehors de l'action le deviendra dans la surexcitation de la lutte... Et le conférencier construisait toute une méthode d'audace et d'héroïsme résumée dans une série de critiques et de formules telles que celles-ci : « Nous n'attaquons plus ; après mille précautions, nous contre-attaquons, et cela fait de l'*offensive défensive*, ou, si vous le voulez, de la *défensive agressive*, et l'une vaut l'autre pour être vaincu. — La seule sûreté possible dans l'offensive repose sur la paralysie de l'ennemi par l'attaque. — En réalité, la sûreté d'une troupe dans l'attaque est basée sur ce fait : un homme qu'on tient à la gorge, et qui est occupé à parer les coups, ne peut pas vous attaquer de flanc ou par derrière. La valeur de la méthode dépend de la rapidité avec laquelle vous lui sautez à la gorge et de la solidité de votre étreinte. — Nous ne reculerons donc même pas devant le principe, dont la forme seule est paradoxale : dans l'offensive, l'imprudence est la meilleure des sûretés, et cette sûreté-là, nous l'avons connue, au temps où nous gagnions des batailles. — Le célèbre aphorisme : frapper fort, frapper tous ensemble, est toujours vrai. — Nous avons donné droit de cité dans nos études à ce mot : *le risque ;* nous admettons *le risque...* Mais *le risque* n'est pas *la chance*. Ce trou que nous admettons dans la chaîne de nos prévisions est, dans la réalité, comblé par ce qu'on pourrait appeler *les calculs moraux* du chef, ces calculs où entrent des facteurs que la raison ne connait pas. — Il faut toujours arriver, dans le combat, à faire quelque chose qui serait impossible entre gens de sang-froid, et ces choses ne deviennent possibles qu'à des gens surexcités en face de gens déprimés. — Allons jusqu'à l'excès, et ce ne sera peut-être pas assez ! »

On pourrait croire, après cet hymne à l' « excès », à un esprit fanatique et tout d'une pièce. On se tromperait, et rien, au contraire, n'était plus froidement, plus posément, plus mathématiquement résumé, que cette doctrine de la furie. Toutes les réserves nécessaires pour la maintenir dans le bon sens, y avaient leur place, et là encore, comme dans la théorie de la colonisation civilisatrice, on retrouvait, dans l'appréciation des cas, une mesure et une observation infinies.

Mais le temps des conférences devait passer, l'heure de l'action sonnait, et le colonel, alors à Toul, et déjà l'idole de ses hommes, allait leur laisser, à la guerre, des souvenirs ineffaçables. Un de ses officiers, à la nouvelle de sa mort, écrivait qu'il était toujours resté comme légendairement « leur colonel », même en ne l'étant plus. Les anciens et les survivants du régiment primitif parlaient toujours tant de lui, racontaient tant de merveilles sur sa façon de partager les dangers et les privations des soldats, de se battre et de faire le coup de feu comme eux, qu'il semblait toujours être là, même à ceux qui ne l'avaient jamais connu. Blessé dans l'un des premiers combats, il n'avait pas voulu quitter son commandement pour si peu, avait reçu quatre autres blessures le lendemain, sans vouloir encore en tenir compte, et ne s'était laissé emporter qu'à la sixième, pour retourner au front un mois après, avec le commandement d'une brigade. Trois semaines plus tard, il était titularisé brigadier sur le champ de bataille avec le commandement d'une division, nommé divisionnaire trois mois après avec le commandement d'un corps d'armée, et envoyé alors à Soissons, pour y réparer un échec. Là, selon ses sensationnelles leçons de l'École, il projetait tout de suite une attaque, mais avec une armée parvenue à l'état d'esprit voulu pour la réussir, et chaque jour, d'abord, pour l'y amener, visitait les soldats dans leurs tranchées, causait avec eux, s'intéressait à leurs affaires, allait leur parler et les réconforter jusque dans les postes les plus périlleux, et commençait ainsi, au bout de quelque temps, à pouvoir appeler par leur nom presque tous les officiers, des quantités de sous-officiers, et même des quantités d'hommes !

Un matin, le 18 février, il quittait vers dix heures son quartier général du château d'Écuirie pour faire sa tournée quotidienne dans les tranchées. Il devait se rendre, ce jour-là, dans le faubourg de Saint-Crépin, où menait une route découverte exposée aux batteries ennemies, et n'avait, en conséquence, ni escorte, ni insignes. Un sous-chef d'état-major, un colonel et un troisième officier l'accompagnaient seuls. La matinée avait été calme, on n'avait pas entendu un coup de canon, et ils suivaient tranquillement la route, quand un violent feu d'artillerie s'ouvrait tout à coup sur eux. Un petit mur, heureusement, pouvait leur servir d'abri, ils s'y cachaient, et le feu cessait aussitôt.

— Eh bien ! disait alors gaîment le général, je crois qu'on pourrait bien nous avoir reconnus... Nous ferons mieux de ne pas aller ce matin à Saint-Crépin... Ce sera pour un autre jour... Nous allons maintenant revenir un à un, à distance les uns des autres, afin de ne pas faire cible.

Et les quatre officiers quittaient l'un après l'autre le petit mur. Mais le général avait à peine reparu sur le chemin que le feu reprenait comme en le visant, et qu'on le voyait tout à coup étendre un bras en avant, puis s'abattre sur le sol... Effrayé, le sous-chef d'état-major revenait précipitamment en arrière, l'apercevait tout couvert de sang étendu dans une encognure, et lui faisait d'abord, pour lui appuyer la tête, un coussin avec son propre manteau :

— Mon général, lui disait-il, c'est moi... C'est le commandant D... M'entendez-vous ?

— Oui.

— Je vais aller chercher du secours.

Mais Grandmaison lui répondait tranquillement :

— Non, restez avec moi... Récitons une prière...

Et, posément, depuis les premiers mots jusqu'aux derniers, il récitait lui-même : *Je vous salue, Marie...*

Il était environ onze heures, et on le transportait en ville. Il avait reçu cinq blessures, dont une mortelle, et on télégraphiait aussitôt à sa famille. Puis, il demandait un prêtre, se confessait, et se déclarait prêt à mourir.

— Mon général, lui demandait le confesseur, voulez-vous faire le sacrifice de votre vie pour la France ?

Il répondait simplement :

— Très volontiers !

Et, toujours très calme, il donnait certaines instructions à son chef d'état-major, le congédiait, puis restait seul avec le capitaine T... qui devait le veiller jusqu'à son dernier souffle avec un culte filial, et qui prenait, heure par heures, ces notes sur son chef mourant :

« *18 février, 2 heures après-midi.* — J'ai rejoint le général dans la chambre où il repose. Il est étendu près du feu, sur la civière où on l'a remené... Il respire encore très librement, mais je suis inquiet, car par moments il se plaint du poids des couvertures sur sa poitrine blessée.

« *2 heures 35.* — Respiration de plus en plus embarrassée. Je suis seul près de lui avec le médecin. Celui-ci lui tâte les mains et les pieds. — N'avez-vous pas froid, mon général ? — Non, je n'ai pas cette sensation plus qu'à l'ordinaire, car en hiver mes mains et mes pieds sont toujours glacés, et mon front aussi...

« Le médecin va chercher le nécessaire pour faire une piqûre de spartéine... »

A ce moment, et seul avec lui, le capitaine se rapprochait de son chef, et les notes continuent :

« Comme la pièce est très sombre, et que

je suppose qu'il ne peut me distinguer, je lui dis : — C'est T... qui est auprès de vous, mon général. — Je le sais, me répond-il, et je vous remercie. Je vous reconnais très bien, car j'ai toute ma lucidité... Alors, comme nous sommes toujours seuls, je m'enhardis à lui dire : — Si, par impossible, vous étiez enlevé, si les êtres que vous chérissez le plus ne pouvaient plus vous voir comme je vous vois, je serai, mon général, très pieusement, votre fidèle interprète... Il hésite, et me dit : — Oui, nous nous comprenons, et, alors, il faudrait dire à ma femme et à mon frère de ne pas s'attrister, car j'aurai donné ma vie pour le pays...

« *2 heures 45.* — Le médecin rentre et lui fait une piqûre...

« *2 heures 55.* — Le premier râle, suivi d'un étouffement. C'est l'agonie qui va commencer. Ses yeux se ferment. Je vais aussitôt chercher le général Maunoury, resté dans une pièce voisine... Un Père brancardier arrive ensuite, et lui fait dire les prières... L'agonie se précipite. J'entends dans sa bouche le mot plusieurs fois répété : *contrition.*

« *3 heures 15.* — Le prêtre fait les onctions. Un peu de délire, où percent quelques expressions militaires, puis le dernier mot qu'il aura prononcé : *Ma femme !*

« *5 heures.* — L'agonie se prolonge. La respiration est très embarrassée, mais pas trop fréquente, ni trop courte. Le médecin dit que, grâce à sa puissance, l'organisme résistera de nombreuses heures encore.

« *7 heures.* — Le pouls a baissé, l'état s'aggrave. Je pense à celle qui se hâte. Arrivera-t-elle à temps ?

« *19 février, 4 heures du matin.* — Les traits, contractés par l'effort, se sont distendus. Les yeux s'ouvrent sur l'infini... A six heures exactement, son dernier souffle s'est exhalé, et une incomparable majesté l'a transfiguré. C'est le divin apaisement... »

A cette minute suprême du divin apaisement, Mme de Grandmaison était là... *Celle qui se hâtait* était arrivée, et le général, quelques heures après avoir expiré, reposait dans la grande chambre pleine de lumière où le voyageur venu le matin de Paris en automobile allait s'écrier intérieurement en le retrouvant sur son lit funèbre, dans son manteau bleu d'horizon, les trois étoiles sur sa manche, le crucifix sur la poitrine et un chapelet dans ses mains jointes : « Jamais je ne l'avais vu si beau ! »

Des funérailles solennelles devaient être faites à Paris à Grandmaison, mais la véritable cérémonie et la plus poignante, comme on le voit encore dans *la Mort du Chef*, avait lieu sur le front même, au quartier général, dans le parc dépouillé du château d'Écuirie. Là, ne défilaient ni les « lignes impeccables » de la garde républicaine, ni les « cuirassiers rutilants », ni les canons roulant à « intervalles réglementaires », mais des fantassins en « uniformes déteints », les molletières déchirées, la barbe longue, la face hâve et « la bêche sur le sac », des cavaliers aux manteaux « délavés » sur leurs chevaux au poil inculte et crotté, et les pièces de 75 toutes boueuses, toutes maculées, avec leurs « boucliers tout bossués ». Et là aussi, du haut du grand perron, le commandant en chef de l'armée, le général Maunoury, qui devait bientôt lui-même tomber aveuglé par les balles dans les tranchées où il venait également visiter les hommes, adressait l'adieu suprême à son camarade, et s'écriait de sa voix vibrante, sous le jour « brouillé » et pâle du matin, au bruit lointain du canon, dans la mélancolie du paysage d'hiver, devant les troupes toutes fangeuses de la glorieuse boue des batailles :

— Général de Grandmaison, au revoir !

IV

UN GARÇON DE FERME

Grenadier au 17e bataillon de chasseurs à pied, Noël était un jeune paysan des Vosges, du village des Sèches-Tournées, près de Fraize, à quatre kilomètres de la frontière, dans la belle et industrieuse vallée de la Meurthe. Fils de petits cultivateurs, et placé d'abord dans une des filatures du pays, puis revenu à treize ans chez ses parents, il était garçon de ferme lorsque le service militaire l'avait pris aux travaux des champs. Bon sujet, et d'un bon caractère, il avait fait un excellent soldat; et, le 10 juillet 1915, on pouvait lire au *Journal officiel :*

NOEL (Emile), *chasseur au* 17e *bataillon de chasseurs à pied, d'une bravoure exceptionnelle comme grenadier. A toujours rempli des missions périlleuses, notamment le* 10 *mai, où il est resté six heures à dix mètres d'un ouvrage ennemi, lançant des grenades, jusqu'à ce qu'il fût grièvement blessé. A été amputé de la cuisse droite. Ordre du Grand Quartier Général n°* 974 *du* 2 *juin* 1915. *Médaillé militaire.*

Le brave Noël, au moment de cette citation, était à Paris, à la maison de santé Anne-Marie de la rue de la Pompe, où il avait été opéré et où son heureuse humeur, sa bonne figure et sa nature ouverte l'avaient fait aimer de tout le monde. Ses blessures étaient terribles, et il avait fallu l'amputer trois fois, en raccourcissant chaque fois un peu plus la cuisse, mais il était toujours resté aussi souriant à chacune des opérations... Il avait vingt et un ans.

Quelles avaient donc été ces « missions périlleuses » qu'il avait toujours remplies, et comment, lors de l'une d'elles, était-il resté six heures à lancer des grenades, à dix mètres seulement d'un ouvrage ennemi ? C'est ce qui doit être dit pour sa gloire, celle des siens et l'honneur de son village.

Au commencement de mai 1915, le 17e bataillon de chasseurs occupait, à Notre-Dame-de-Lorette, un petit bois au pied d'un versant pris par les Allemands, et d'où leurs tranchées dominaient les nôtres. Très menacés dans cette position et insuffisamment protégés par le bois, nous devions nous y préserver par des réseaux de fils de fer qu'il fallait constamment entretenir et multiplier, et cette besogne, particulièrement périlleuse, était celle d'une douzaine de grenadiers de bonne volonté qui s'en acquittaient la nuit. Si noire que fût l'obscurité, ils n'y étaient pourtant jamais bien cachés. A tout moment, une fusée lumineuse éclairait le bois, les découvrait, et les projectiles pleuvaient aussitôt sur eux. Ils devaient donc éviter ces coups de lumière, se jeter à chaque instant dans les troncs d'arbres pour échapper aux projections, et se remettre ensuite à l'ouvrage sous les balles et sous la mitraille, tout en se garant toujours des fusées et de leur rayonnement. C'était ce terrible travail que Noël et dix ou douze autres revenaient faire presque chaque nuit.

Entre le bois et le coteau, c'était continuellement ainsi comme un duel où l'on ne cessait, de part et d'autre, de parer ou d'attaquer, et les Allemands, le 9 mai, dans cette lutte de toutes les heures entre le versant et le bas de la colline, parvenaient, à la nuit, à se faufiler dans le bois où ils prenaient la moitié d'une de nos tranchées, pendant que Noël et ses compagnons se maintenaient dans l'autre, simplement séparés de l'ennemi par une cloison de sacs de terre. Alors, d'une partie de ce couloir à l'autre, une lutte acharnée à coups de grenades avait commencé dans l'obscurité. Nos grenadiers lançaient sans relâche les leurs par-dessus les sacs, recevaient celles des Allemands, ripostaient, en recevaient d'autres, et leur répondaient encore. Le combat durait dix heures, et Noël, dès la quatrième, restait le seul vivant des siens dans son morceau de tranchée où tous étaient tombés, mais n'en continuait pas moins à combattre, et seul, dans la nuit, du fond de son boyau, lançait ses grenades avec une telle fureur qu'il faisait croire aux Allemands à la présence de toute une petite troupe.

Au bout de six heures, il était encore là, se démenant et luttant toujours, arrachant et lançant toujours ses grenades, et se garant comme par miracle, derrière le mur de sacs, contre celles de l'autre côté. Le jour, cependant, allait poindre, et le feu des Allemands commençait à diminuer. Ils se retiraient en effet peu à peu, pour regagner leur colline, en voyant paraître l'aube, et bientôt ne répondaient même plus... La tranchée nous restait et, depuis déjà quelques instants, Noël n'y recevait plus rien, quand une effroyable explosion l'y couvrait de terre et de branches d'arbres... Une marmite, envoyée du coteau, venait d'éclater près de lui et lui avait broyé la cuisse...

Où est le Français connaissant l'histoire de ce garçon de ferme, et qui n'eût pas désiré le voir? Il avait quitté la rue de la Pompe pour un hospice de la banlieue où l'on hospitalisait les convalescents, mais revenait encore, chaque jeudi, revoir le directeur et le personnel de son ancien hôpital, et je me rendais, un jeudi, à la belle maison Anne-Marie, si avenante et si claire autour de son ancien cloitre, avec ses grandes salles et ses grands corridors tout éclatants de jour et de blancheur.

A l'heure prévue, comme toujours, il arrivait sur ses béquilles et sa jambe unique, et nous serrions la main à un superbe et gentil garçon, de haute taille, l'œil gai et franc, et dont la figure, d'une naïveté juvénile et comme d'une fraîcheur champêtre, était presque celle d'un enfant. Boutonné dans sa capote de chasseur, sa médaille et sa croix sur la poitrine, il nous saluait avec un air de plaisir et de confusion, toujours singulièrement vigoureux malgré son amputation et, de sa grosse main rude et timide, prenait celles qui se tendaient vers lui. Puis, avec un peu de peine, il s'asseyait sur le canapé du bureau, posait ses béquilles et le glorieux combat de la tranchée devenait bientôt l'objet de la conversation, mais il en paraissait tout gêné, rougissait, et répondait en riant, comme au souvenir d'une affaire sans importance :

— Bah ! c'est tout simple, on s'est défendu comme on a pu... On a fait comme on aurait fait partout !...

Devant l'insistance à le féliciter, il convenait cependant qu'il était bien resté seul à se battre toute une nuit contre toute une troupe d'Allemands, mais répondait encore qu'il n'y avait rien là d'extraordinaire, et ne cessait de répéter, toujours gai et toujours rougissant :

— Bah! j'ai fait de mon mieux... Tout le monde fait du mieux qu'il peut!...

Et il nous racontait, en changeant de conversation, qu'à l'hospice de la Maison-Blanche, où il achevait sa convalescence, des turcos lui avaient appris à faire des paniers, qu'il savait à présent en fabriquer comme eux, et qu'il en avait apporté un. Puis, il se levait du canapé, reprenait ses béquilles, sortait, et rentrait avec une de ces jolies corbeilles orientales comme on en fabrique en Algérie.

— Voilà, disait-il tout fier de l'avoir faite et tout heureux de l'offrir au directeur, voilà... On sait encore travailler... On pourra encore faire quelque chose.

Et il ajoutait, en se remettant à rire :

— J'ai toujours mes deux bras, c'est tout ce qu'il me faut!

Avec la même bonne humeur, quelques mois auparavant, il avait dit au médecin, après avoir été déjà amputé deux fois, au moment de l'être une troisième :

— Encore une fois de plus ? Bah ! monsieur le major, allez-y !... La France vaut bien ma jambe !...

Jean-Marc Bernard, Dauphinois.

Sœur Ignace.

Un employé de commerce.

Un camelot du Roi.

V

JEAN-MARC BERNARD

Dauphinois.

Beaucoup de lettrés se rappellent le noble et charmant poète qui aimait à signer ses vers : « Jean-Marc Bernard, Dauphinois. » On avait surtout remarqué de lui : *La Mort de Narcisse*, et l'un de ses critiques, qui fut aussi de ses intimes, M. René Fernandat, a dit à propos de ce poème : « Ce Narcisse moderne est un frère d'Obermann... Il s'analyse avec moins de complaisance que le héros de Senancour, mais on sent qu'il demande à la pensée la plus profonde de ses joies, alors même qu'elle lui révèle en les aggravant, les souffrances de son cœur... A force de courage, il arrive à mépriser la mort qui, d'abord, l'effrayait tant, et il sacrifie gaîment sa vie... Son besoin de sympathiser avec tous les êtres qu'il sent proches de son âme maintient en lui une fraîcheur de jeunesse et une ferveur d'émerveillement qui le poussent à toujours chanter. Jean-Marc Bernard épicurien fait crédit à la nature... Il y a de l'imprudence en lui, de la faiblesse, mais de la foi aussi... » Souffrance, épicuréisme, ferveur d'émerveillement, effroi, puis mépris de la mort, foi, sacrifice de sa vie ! Que ne dévoilent ou ne voilent pas de tels mots sous la plume d'un confident, et qui dira jamais toutes les hérédités toujours prêtes à se réveiller ou à se contrarier dans l'âme d'un jeune Français d'avant la guerre ? Qui pourra jamais savoir quels combats de conscience ou de sentiments l'auront déjà déchiré, lorsqu'il ira s'offrir à la mitraille tout en n'ayant rien d'un soldat, mais décidé à sacrifier à sa patrie ses rêves et ses sensibilités d'artiste, à les offrir en holocauste à son pays ?

Les Bernard étaient des bourgeois terriens de cette magnifique et ombreuse vallée du Dauphiné qui s'allonge le long du Rhône entre Salaise et Saint-Rambert-d'Albon. Au moment de la naissance de Jean-Marc, le père était sous-directeur du Crédit Lyonnais de Valence. Ils ne pouvaient donc être qu'assez rarement dans leur propriété de Saint-Rambert, et les fonctions de M. Bernard les obligeaient même, par la suite, à s'expatrier pendant une quinzaine d'années. Envoyé d'abord à Genève, il y avait résidé sept ans, et là, le petit Jean-Marc avait reçu l'éducation des Jardins d'Enfants, de ces fameux *Kindergarten* qui faisaient alors fureur, comme tout ce qui était allemand. Puis, M. Bernard avait été nommé à Bruxelles, où il était resté huit ans et où son fils avait fait ses études chez les Jésuites.

A force de vivre à l'étranger, Jean-Marc avait-il fini par en prendre le goût au point d'avoir perdu celui de son pays? Toujours est-il qu'au sortir de chez les Pères il ne quittait la Belgique que pour aller passer une année en Angleterre, et qu'il allait encore, après celle-là, en passer une autre en Allemagne, d'où il n'eût pas pensé à repartir de sitôt si une grave et funèbre nouvelle ne l'en avait pas rappelé. M. Bernard était mort, et le fils prodigue faisait alors un douloureux retour sur lui-même, songeait avec remords au pays natal, aux horizons de son enfance, à sa mère seule et en larmes dans cette maison de Saint-Rambert si ingratement oubliée ! Malgré tout, il ne revenait pas cependant tout de suite, et c'était seulement deux ans plus tard qu'il devait écrire ces beaux vers repentants et tristes :

Est-il venu le jour, ô mon père, de dire
L'amour profond dont je t'aimais,
Et saurais-je toucher les cordes de ma lyre
Pour qu'elles vibrent à jamais ?

Ou, simplement pieux à tes mânes absents,
Me faudra-t-il attendre encore
L'heure où je trouverai les éternels accents
Que je devine près d'éclore ?

Je te vois anxieux, étendu sur ta couche,
Trempant les linges de sueur,
Cependant que les cris indistincts de ta bouche
Disaient l'angoisse de ton cœur.

Et le regret m'étreint de n'avoir pas été
Cet enfant, dont la main bénie,
Fraîche à ton front brûlant de fièvre, eût écarté
Les visions de l'agonie !

Deux ans auparavant, à son retour d'Allemagne, il était entré comme employé de banque au Crédit Lyonnais de Valence, essayait ensuite d'un autre emploi dans une grande librairie de Reims, puis retournait à Valence prendre la rédaction du *Messager*, finissait par venir se retirer à Saint-Rambert, et le bilan moral de ces premières années de jeunesse, à travers ces pérégrinations à l'étranger et cette existence cahotée d'une occupation à l'autre, pouvait se résumer en quelques mots. D'une intelligence supérieure et d'un cœur ardent et tendre, d'une nature impressionnable à l'excès et d'une extrême curiosité d'esprit, il n'avait demandé qu'à s'aventurer le plus loin possible dans la vie et dans les idées, mais il en était revenu. D'un milieu essentiellement conservateur et religieux, il n'en avait pas moins abandonné, à la suite de sa vie à l'étranger, tous les principes où il avait été élevé. Au grand chagrin de sa mère, il ne conservait plus, en revenant d'Allemagne, aucune pratique religieuse, et professait même, à la stupeur des siens, les opinions les plus anarchistes. Puis, avec le temps, il avait été peu à peu reconquis par l'ambiance de la famille, la douceur de la terre natale, tout ce qui s'en dégageait de charme agissant, et par la dignité, le bon sens, la vérité qu'on y respirait. Quatre ou cinq ans après sa rentrée en France, il commençait déjà à se reprendre aux idées d'ordre, redevenait à la longue un catholique théorique, encore un peu plus tard un catholique pratiquant, et c'était à ce moment de son retour à ses origines morales qu'il avait aussi voulu revenir vivre chez sa mère, à Saint-Rambert, dans leur vieille maison familiale.

Ce qu'il y avait eu de particulier dans le retour de ce poète, ainsi ballotté par la vague de la vie, à la chanson de son enfance, c'est qu'il était peut-être moins encore le résultat d'une sensibilité pourtant très vive que d'une délibération intellectuelle bien mûrie. Deux hommes, comme l'a fort bien noté M. Antoine Lestra, avaient puissamment agi sur lui. Charles Maurras l'avait d'abord ramené de l'anarchie à l'Ordre en le gagnant par sa logique aux doctrines politiques de l'*Action française*, et Paul Claudel ensuite, par une logique non moins forte, l'avait conduit de l'Ordre à Dieu. La raison, chez lui, avait donc précédé les raisons du cœur, et ce qu'il y avait d'également rare dans ce ressaisissement moral, c'est qu'il n'était pas, chez un poète, une simple attitude poétique, mais répondait à tout un programme de vie bien arrêté. Il y avait là quelque chose de supérieur à une vulgaire sincérité littéraire, et où se devinait beaucoup de mérite. Encore quelques pas dans cette voie de l'effort, quelques années de ce régime, et l'ancien incroyant allait devenir l'auxiliaire le plus zélé de son curé dans les œuvres de la paroisse, l'ancien anarchiste le fidèle le plus sûr de la doctrine monarchiste, et l'ancien nomade le fervent le plus passionné de sa petite patrie, le plus ardent défenseur de l'autre !

A la déclaration de guerre, Jean-Marc Bernard avait trente-trois ans. Son extrême myopie et sa délicatesse l'avaient fait classer dans les auxiliaires, mais il réclamait aussitôt son affectation au service armé, l'obtenait, et s'en allait l'annoncer gaîment partout. Comme il n'avait déjà pas hésité à entrer dans les comités de propagande pour y militer en faveur de ses idées, il n'hésitait pas davantage à s'engager, malgré sa faiblesse physique et sa mauvaise vue, pour défendre son pays, passait d'abord quatre mois dans un camp d'instruction, était blessé à peine envoyé au feu, évacué dans un hôpital, renvoyé au front, et racontait ainsi son retour sur la ligne de bataille, dans une lettre à un ami : « Je suis arrivé dans mon secteur le dimanche 13. Ma compagnie étant dans les tranchées, il me faut attendre qu'elle soit au repos pour y être versé de nouveau. En attendant, j'ai demandé à faire partie du ravitaillement, et hier je suis allé deux fois dans la tranchée porter la soupe aux copains. Là, j'ai connu ce que c'était que la peur. Pendant une heure, l'abri sous lequel nous étions a été véritablement enterré par les marmites boches. Je n'en menais pas large. Ma première blessure a dû me rendre plus nerveux, mais je crois que ça ne durera pas. »

La vérité est que cet état de nervosité maladive était le fond même de sa nature, et que tout y répugnait au terrible métier de soldat. Vibrant et souffrant au moindre choc, et n'ayant pour lui que son courage, l'héroïque mais fragile Jean-Marc, rien qu'en réclamant l'uniforme, s'était revêtu lui-même de la tunique du martyre. Il ne s'était même certainement jamais douté de ce que pouvaient être les trombes et les ouragans des guerres nouvelles, et les déluges de fer, de plomb et de flamme sous lesquels s'y entr'ouvrait la terre. « Oui, écrivait-il encore à un autre de ses amis, à Raoul Monnier, destiné à mourir comme lui pour la patrie, l'abondance des marmites déprime un peu, mais on s'y fait. » Et il lui envoyait en même temps cette sombre et désolée paraphrase du *De Profundis* :

Du plus profond de la tranchée
Nous élevons les mains vers vous,
Seigneur ! ayez pitié de nous
Et de notre âme desséchée !

Car plus encor que notre chair,
Notre âme est lasse et sans courage.
Sur nous s'est abattu l'orage
Des eaux, de la flamme et du fer.

Vous nous voyez couverts de boue,
Déchirés, hâves et rendus...
Mais nos cœurs, les avez-vous vus,
Et faut-il, mon Dieu, qu'on l'avoue ?

Nous sommes si privés d'espoir,
La paix est toujours si lointaine,
Que parfois nous savons à peine
Où se trouve notre devoir.

Eclairez-nous dans ce marasme,
Réconfortez-nous, et chassez
L'angoisse des cœurs harassés ;
Ah ! rendez-nous l'enthousiasme !

Mais aux morts, qui tous ont été
Couchés dans la glaise ou le sable,
Donnez le repos ineffable,
Seigneur, ils l'ont bien mérité !

A l'instant même où s'exhalait de la sorte, comme dans le secret d'une confession, ce cri de sa faiblesse physique, sa vaillance et son endurance ne se démentaient cependant pas, et son commandant de compagnie le proposait en ces termes pour une citation à l'ordre du régiment! « A fait preuve d'une grande énergie et d'un grand courage, est resté pendant quarante-huit heures aux créneaux de première ligne, pendant un bombardement de grenades, et a abattu plusieurs ennemis. » Ainsi, nerveux et débile, malade et encore blessé, il restait des jours et des nuits sous l'avalanche des grenades, et il abattait des ennemis! Mais la nature, dans ces moments-là, ne suivait plus chez lui l'âme qu'en hurlant, et de même que toute la joie de ses trente ans s'était exprimée, à une époque, dans le portrait d'un jeune homme de haute et jolie mine à l'œil déjà fixé sur la renommée, publié par une Revue de sa province, tout le supplice de ses derniers jours avait déjà pu se lire dans une photographie prise pourtant avant son départ pour le front, mais où le Jean-Marc d'avant la guerre ne se reconnaissait déjà plus. Où était maintenant le fier jeune homme, à l'œil si sûr de l'avenir, dans ce lamentable visage tout hâve d'angoisse et de misère? Où était le poète de tant de poésies si hautes, et d'autres d'une si belle mousse française, de tant de vers si noblement, si légèrement ou si brillamment ailés? Qu'était devenu l'être de jeunesse et d'élan pour qui tout ce qui était la France était une fierté et une volupté? Où était même le gai soldat du départ, si heureux et si enthousiaste? Il ne restait déjà plus de lui, sur cette amère image, malgré les plaisanteries vaillamment griffonnées au dos, qu'une effrayante figure d'inexprimable détresse!

Hélas! l'heure n'était plus loin où allait finir tant de souffrance, et une nuit, le 5 juillet, à Souchez, pendant un de ces bombardements qui font penser à l'Enfer, une bombe le coupait en deux... Au jour, on cherchait son corps, mais on n'en retrouvait plus rien, et tout ce qu'on pouvait savoir, c'est qu'un soldat de son escouade, un de ces « copains » auxquels il était allé un jour porter la soupe sous la mitraille, disait l'avoir vu « émietté » par un obus dans la lueur des fusées et des explosions...

Dans le *Jugement Dernier*, à la Chapelle Sixtine, saint Barthélemy, le martyr écorché vif, porte sa peau sanglante dans ses mains, et la montre aux générations. Ne se retrouve-t-il pas quelque chose du sublime geste du grand saint dans cette histoire de Jean-Marc Bernard, le pauvre poète si faible et si sensible, mais si magnifique par sa douleur et qui l'offre si héroïquement à son pays?

VI

UN EMPLOYÉ DE COMMERCE

Georges Condom appartenait à une de ces vieilles familles de dignes et modestes fonctionnaires comme on en voyait tant autrefois honorer la France, et comme elle en comptait encore au moment de la guerre, malgré tout ce qui avait si gravement altéré sa physionomie morale. Dans des situations peu rétribuées, mais auxquelles s'attachait une considération spéciale, elles s'estimaient assez dédommagées de la médiocrité relative de leur vie par la respectabilité qu'elles en retiraient, et se transmettaient fidèlement, d'une génération à l'autre, comme une vocation d'autorité, de désintéressement et de devoir. Les Condom étaient de cette race de bons serviteurs du pays, et en conservaient toutes les traditions. M. Condom exerçait les fonctions de directeur d'hospice, son père en avait occupé d'analogues dans la même administration, et son grand-père et un de ses oncles avaient appartenu à l'Université. Père de deux fils, il aurait pu les croire destinés à suivre sa voie, mais les nouvelles conditions de la vie générale, aussi bien que de la vie administrative, les en avaient détournés. L'aîné faisait son droit, le poussait jusqu'au doctorat, et Georges, le second, entrait dans le commerce.

Le jeune Georges, dès son enfance, s'était tout de suite annoncé pour un vaillant. Il avait fait sa première communion à Forges-les-Bains, où son père dirigeait l'Hôpital et l'Orphelinat, et le curé, la veille de la fête, ayant demandé à ses petits communiants de nettoyer eux-mêmes les abords de l'église, trop négligés par l'édilité, Georges, immédiatement, les réunissait tous, prenait le commandement de la petite équipe, et mettait lui-même tant de cœur à la besogne qu'il rentrait tout fourbu chez ses parents. Il avait tout juste la force de se rendre le lendemain à la cérémonie, et n'assistait même pas au dîner de famille donné le soir en son honneur. A quelque temps de là, un incendie éclatait dans le pays, le personnel de l'Hôpital accourait avec la pompe de l'établissement, les habitants aidaient à la manœuvre, et on remarquait alors, parmi ceux qui s'exposaient le plus, un petit garçon dont l'adresse et le courage faisaient l'admiration de tous. C'était le petit Condom, qui venait d'avoir ses treize ans !

A dix-sept ans, ses études terminées, il se décidait pour la carrière commerciale, se plaçait d'abord dans une maison de gros, y faisait son apprentissage, et entrait ensuite aux Magasins du Louvre, comme vendeur au rayon de la jupe. Quatre ans après, il allait faire son service militaire à Lunéville, au 8e dragons, d'où il revenait maréchal des logis. Employé modèle, il avait été aussi un parfait dragon. Si excellent soldat qu'il se fût montré, il n'en avait pas moins cependant toujours regretté son état, et le brillant sous-officier de cavalerie, aussitôt son temps fini, s'était hâté de redevenir l'actif vendeur d'auparavant, lorsque, le 2 août 1914, la mobilisation le reprenait encore à son métier, et l'envoyait à la frontière lorraine, dès la première heure de la Guerre.

Georges Condom avait toujours eu le culte de la famille, et son père et sa mère dont il avait été la joie, son frère le docteur en droit qu'il appelait son « grand savant », sa jeune sœur qu'il appelait toujours sa « petite Alice », lui étaient profondément chers. Aussi ne leur faisait-il pas ses adieux sans déchirement, mais n'en laissait rien paraître.

— Allons, ne pleurez pas, disait-il gaîement à sa mère et à sa sœur au moment de la séparation, il ne m'arrivera rien de fâcheux... Cette guerre, voyez-vous, il fallait absolument la faire, et il vaut mieux en finir une fois pour toutes... Après, nous serons tranquilles et heureux...

A peine à son régiment, il était nommé adjudant, et faisait avec ce grade toute la campagne de Lorraine. Renvoyé ensuite à son dépôt, et affecté à la remonte, il supportait mal son éloignement de la bataille, réclamait instamment son retour au feu, et finissait par recevoir la mission de former un groupe léger appelé à s'y rendre aussitôt instruit. Un accident, la veille du départ, avait bien failli le retenir. Un pan de mur s'était écroulé sur lui dans un incendie et l'avait blessé assez sérieusement, mais il voulait quand même suivre ses hommes, et peu s'en fallait encore, à quelques jours de là, qu'il ne trouvât la mort à son arrivée au front. Chargé d'une reconnaissance de nuit, et parti seul avec son ordonnance, il tombait dans une embuscade. Heureusement, il s'en tirait avec un coup de baïonnette dans la manche de sa tunique, et l'ordonnance en était quitte pour un coup de crosse à la tête. Plus tard, il était de la grande attaque de septembre, et réchappait encore, comme miraculeusement, à l'explosion d'une marmite. Puis, il passait en Haute-Alsace, dans les parages fameux de l'Hartmansweillerkopp, et là, aussitôt rendu, dans ces terribles et célèbres défilés, il était nommé sous-lieutenant.

Avec sa nature tout en élans, il avait très vite conquis l'affection et l'admiration de ses chefs comme de ses soldats, et l'un de ses camarades, le lieutenant de Tauriac, avec qui il s'était lié d'une de ces héroïques et tendres amitiés de guerre comme il s'en noue entre frères d'armes dans l'habitude de la vaillance et du dévouement en commun, devait un jour dire de lui, dans une lettre toute pleine elle-même de noble générosité : « Quand je suis arrivé au groupe léger, j'ai tout de suite été frappé par ce visage sympathique, ce cœur d'enfant vaillant et généreux qui se donnait tout entier dans une poignée de main. » Tout de suite, et tout entier, c'était bien ainsi en effet que se donnait Georges Condom, non seulement à l'amitié, mais au devoir, et il allait bientôt encore le faire une fois de plus. Il venait d'être détaché aux Chasseurs à cheval, pour y former un autre groupe léger, sur le modèle de celui des Dragons, quand, aux premiers jours de mars 1916, son capitaine recevait l'ordre d'enlever un ouvrage allemand. Comme l'affaire devait être particulièrement difficile, le capitaine redemandait son sous-lieutenant aux Chasseurs, et Condom répondait à l'appel avec d'autant plus d'enthousiasme qu'il s'agissait d'un coup plus hardi et plus périlleux. Il allait falloir attaquer, se battre, exposer sa vie, enlever une position, et il accourait avec joie, mais songeait aussi à ses vieux parents, à son frère le « grand savant », à sa sœur, sa « petite Alice », à tous les siens, et leur écrivait alors, avant la bataille :

« Mes très chers parents, vous m'excuserez d'être pour vous la cause d'un gros chagrin, car si vous recevez jamais cette lettre, c'est que j'aurai eu la gloire de mourir au champ d'honneur.

« A l'heure où j'écris cette lettre, nous sommes tout près de tenter un coup audacieux sur un ouvrage boche. Cette action, très bien comprise et habilement menée par M. le capitaine Lacroix, mon chef d'unité, doit réussir, mais bien entendu il doit y avoir de la casse.

« Eh bien ! soyez absolument persuadés, mes chers parents, que c'est avec joie que je fais le sacrifice de ma vie, car je sais que c'est beaucoup pour la France et un petit peu pour vous que je tomberai. Pour cette France que j'aime tant, pour vous qui partagez cet amour et à qui je dois tant !

« Je tiens, mes chers parents, à vous remercier de tout mon cœur de tout ce que vous avez fait pour moi. Vous avez été des parents modèles, et je meurs en vous vénérant.

« Je n'ai rien de bien spécial à vous demander à cette dernière heure. Le peu de bricoles que j'ai sera pour vous des petits souvenirs, bien modestes du reste.

« Je dis adieu à ma gentille et très aimée petite Alice, qui a toujours été si bonne et mignonne avec son grand Georges. Je regrette de ne l'avoir pas fait danser plus souvent, mais j'espère que le Bon Dieu lui réserve de longs jours de bonheur !

« Je fais mes adieux à mon grand savant Paul, un homme qui comprendra mieux peut-être le calme absolu avec lequel je vous écris. Adieu, mes chers parents, adieu à toute la famille, adieu à tous mes amis !

« Je désire que rien de spécial ne soit fait pour mon corps, égal dans la mort comme tous mes compagnons tombés avec moi. Je vous défends de porter le deuil plus longtemps que la stricte nécessité pour les convenances.

« Je meurs pour Dieu, pour la France, pour tous les vivants !

« Votre fils très affectionné et reconnaissant,

« Georges Condom,
« *sous-lieutenant au 8ᵉ dragons.* »

Puis, il écrivait au lieutenant de Tauriac pour le charger de prévenir sa famille, le priait de remettre cette dernière lettre aux siens, lui demandait pardon de la peine qu'il lui donnait, et ajoutait : « Je vous aimais beaucoup, cher monsieur de Tauriac. Je sais que vous êtes un homme ayant un moral élevé, et c'est pourquoi je vous demande ce dernier service... Que personne ne me regrette, moi qui ne me regrette pas moi-même ! »

C'était le 6 mars et, le 8, la position allemande était enlevée. Le coup de main, bien conduit, avait eu un plein succès, et le sous-lieutenant Condom, selon l'expression même du capitaine Lacroix, avait déployé, d'un bout de l'attaque à l'autre, « la plus magnifique désinvolture ». Allant continuellement de peloton en peloton, et revenant tranquillement renseigner son chef entre ses allées et venues, il restait le dernier sous le feu, à la tête de son groupe, pour protéger le repli des autres. L'opération terminée, il voulait même retourner faire une dernière patrouille dans les tranchées prises, pour bien s'assurer que rien n'y était resté, mais y renonçait sur un ordre formel, et revenait seulement encore une fois en arrière, sous la fusillade qui ne discontinuait pas, pour diriger les groupes qui rapportaient les morts et les blessés, quand une balle l'avait frappé...

Il était tombé... C'était fini...

VII

SŒUR IGNACE

Tous les touristes un peu familiarisés avec les sites de la Haute-Alsace connaissent le bourg de Willer, l'un des centres d'excursions les plus fréquentés des Vosges. On y monte en quelques heures au grand ballon de Guebviller, au Molkenrain d'où l'œil va des Alpes à la Forêt-Noire, et l'on n'y est pas très loin du fameux Hartmansweillerkopp dont tant de combats devaient ensanglanter les crêtes. Des vallons boisés et rocheux débouchant les uns dans les autres, des tunnels d'où s'allongent des voies ferrées, des ponts sur des torrents, des fermes dans la montagne, une rivière serpentante et fraîche, des usines et des moulins, tel est ce beau pays de Willer et de ses environs où l'industrieuse et jolie Thurr, dont la vallée porte le nom, coule pittoresquement de Saint-Amarin à Moosch et de Moosch à Bishwiller, pour s'en aller vers l'historique petite ville de Thann, dominée par la ruine de son vieux château et parée de son clocher gothique.

Il y a une quarantaine d'années, peu de temps après la guerre de 1870, l'un des moulins du pays était la propriété des Roesch. Ils y vivaient heureux, avec leurs cinq enfants, un fils et quatre filles, dont deux étaient jumelles, et il y avait cependant une ombre sur leur vie. Français dans l'âme, ils ne se consolaient pas d'être Allemands, et leur bonheur, d'autre part, devait peu durer. Mme Roesch mourait en 1876, son mari ne tardait pas à la suivre, et les enfants se trouvaient orphelins. Un de leurs oncles, l'abbé Roesch, se chargeait alors de leur éducation, et les envoyait en pension en France. Puis, le temps passait, chacun suivait sa voie, et une trentaine d'années plus tard, à l'approche de 1914, le fils, entré dans les Ordres, était professeur à Quito, dans la République de l'Équateur, au collège des Jésuites, l'aînée des filles mariée en Lorraine, la seconde prématurément retournée à ses parents dans le petit cimetière de Willer, et les deux autres, les jumelles, Religieuses du Divin Sauveur. L'une de ces dernières était la Sœur Ignace, dont la charité devait rester légendaire, et réservée à un si tragique avenir. Mme Roesch, en mourant, avait prononcé ces paroles rapportées sur un de ces touchants memento en usage dans les familles pieuses : « Mon Dieu, je vous fais le sacrifice de ma vie, faites de moi ce qu'il vous plaira, mais protégez mes enfants ! » La destinée les avait tous conduits singulièrement loin du moulin de Willer, mais la prière de la mère n'avait pas été entièrement inexaucée, et Sœur Ignace devait même revenir, un jour, rendre son dernier soupir bien près du clocher où avaient sonné son baptême et le glas paternel et maternel.

Longtemps avant la guerre, la Maison des Sœurs de la rue Bizet était renommée à Paris pour la perfection de ses services. La maîtrise de la chapelle n'était pas au-dessous du reste, et on y remarquait, dans les chœurs, une voix qu'on aurait presque prise pour une voix d'homme. C'était celle de Sœur Ignace, et sa charité, d'un caractère tout viril, malgré la tendresse de sa nature et la profonde bonté de son cœur, n'était pas sans s'accorder avec ce timbre plutôt mâle, qui marquait et soutenait les chants. On la citait volontiers pour sa vaillance gaie et forte que rien ne pouvait jamais déconcerter, et qui avait plus d'une fois aidé la Mère Supérieure, par les temps de persécution et d'épreuves, à sortir des passes difficiles.

— Allons, ma mère, lui disait-elle avec son invariable bonne humeur et une petite pointe de familiarité qui n'excluait pas le respect, allons, ne vous alarmez pas... C'est sans importance, ce n'est rien... Le bon Dieu va arranger ça !...

Presque toujours, en effet, le bon Dieu « arrangeait ça », et personne ne savait aussi comme elle mettre les malades sur la route du rétablissement par sa manière à la fois rassurante et plaisante de les remonter. De taille et de corpulence moyennes, avec une expression d'indulgence et de franchise au fond de ses yeux bleus légèrement bridés et comme un peu narquois, dans une figure qui aurait été moqueuse si le sourire n'en avait pas été aussi bon, elle tenait d'habitude, en vous parlant, ses deux mains tranquillement posées l'une sur l'autre entre sa ceinture et sa poitrine, et les remuait seulement d'un petit geste optimiste qui semblait aussi vouloir arranger les choses.

— Allons, disait-elle au patient, ça va mieux, ça va s'arranger... La figure est bonne, c'est bon signe... Le bon Dieu va vous tirer de là !...

Il y avait déjà vingt ans qu'elle était rue Bizet, lorsque le couvent se trouvait transformé en ambulance au moment de la mobilisation. Elle y restait alors encore une année, pendant laquelle, après avoir été la Providence des malades, elle devenait celle des blessés, et rien ne donnera mieux l'idée de l'action et du charme de sa charité que le témoignage même de l'un d'eux, et de l'un des plus terriblement éprouvés en même temps que du plus illustre. A la veille de quitter l'établissement où il avait recouvré la vie, et qu'elle venait de quitter pour une ambulance du front, le général Gouraud lui exprimait sa reconnaissance dans une lettre où la gratitude se cachait sous la plaisanterie, comme si le bien, avec Sœur Ignace, devait toujours s'accompagner d'enjouement, et lui parlait, notamment, d'un certain « général Gustavin » sous la croix duquel on reconnaît sans peine une bonne Sœur Gustavine, aimablement secourable, elle aussi, aux douleurs des mutilés.

« Chère Sœur Ignace,

« Je m'empresse de vous remercier de votre bonne lettre du 4 septembre.

« Je suis désolé que ce petit bombardement ait obligé à l'évacuation de l'hôpital de Moosch, où vos Sœurs et vous soignaient si bien nos chers soldats. J'espère que nos succès sur les crêtes vous permettront bientôt de recouvrer votre hôpital.

« Le fromage sera-t-il arrivé à temps pour que vous ayez pu le distribuer à vos blessés?

« J'ai à vous donner les meilleures nouvelles de votre ami le général Gustavin. Non seulement il m'a soigné avec le dévouement et la bonté que vous lui connaissez, mais sa compagnie, pendant ces longues heures de réclusion, m'a été bien précieuse, et sa gaîté, aussi bien que ses soins, a certainement contribué à mon rapide rétablissement.

« Aussi, j'estime qu'en face de résultats aussi remarquables, le général Gustavin mériterait d'être promu au grade supérieur. Je remets la chose entre vos mains.

« Je compte quitter dans une dizaine de jours la rue Bizet pour aller dans le Midi, puisque ce mois de septembre n'est pas très chaud. Ce ne sera pas sans émotion que je quitterai cette chère rue Bizet, où j'étais arrivé mourant, et d'où je partirai en assez bon état, grâce en grande partie à vos Sœurs. Aussi garderai-je de leur rayonnante charité un éternel souvenir.

« Veuillez agréer, chère Sœur Ignace, l'expression de mes sentiments très respectueux.

« Général GOURAUD. »

Cette lettre était du 7 septembre 1915, et depuis deux mois, en effet, Sœur Ignace était à Moosch, tout à côté de son village, à quelques minutes de Willer, dans le joli coin d'Alsace où elle était née, et qu'avait reconquis la France. Un riche propriétaire du pays y avait fondé un hôpital pour les ouvriers de la région, et la construction venait d'en être achevée à la déclaration de guerre. On y avait établi une ambulance, confiée à l'Ordre du Divin Sauveur, et Sœur Ignace venait d'y être envoyée pour y donner l'impulsion qu'elle savait donner partout. Arrivée au début de l'été, elle s'était retrouvée ainsi avec les beaux jours dans la vallée de son enfance, où le fracas du canon et des obus remplaçait maintenant le bruit des usines et le fredonnement des moulins.

Aussitôt à l'hôpital, elle y apportait l'ordre et la vie, et la direction n'avait pas tardé à lui en être à peu près laissée quand elle annonçait, le 12 août, à ses Sœurs de la rue Bizet, qu'il « y avait des taubes sur Moosch », et leur écrivait, une quinzaine de jours après, un peu inquiète, malgré la solidité de sa bonne humeur : « Bien chère Sœur Séraphine et bonne Mère Théobaldine, quelle aventure ! Figurez-vous, on était en train d'opérer et de travailler, quand tout d'un coup éclatent des obus... Oui, messieurs les Boches ont inventé, et nous ne savons pas par quel droit, de venir bombarder la ville de Moosch. Ah! si vous aviez vu ce manège! Ils en ont lancé huit, dont deux n'ont pas éclaté. Il y a eu quatre blessés, dont deux civils, et quelques maisons un peu abîmées... Aussi, déménagement complet. On a immédiatement descendu les malades à la cave, les plus malades au réfectoire des Sœurs, et tous ceux qu'on pouvait évacuer ont été renvoyés sur Bussang. Ils étaient si malheureux! Il y en a eu plusieurs qui ont pleuré!... Je termine, car il est tard, minuit, et je suis bien fatiguée... »

Même sous les bombes et les obus, l'un des soucis de Sœur Ignace était d'être privée de « retraite ». Aussi, racontait-elle à ses Sœurs de Paris comment elle s'en dédommageait, et leur écrivait-elle, avec sa gaîté ordinaire : « Nous nous sommes payé une petite fête bien religieuse pour la Nativité... Messe chantée, *Reine des Cieux*, *Sancta Maria*, *Reste avec moi*, *Magnificat*... Après l'Évangile, un sermon en français sur la sainteté. C'était si simple, mais si bienfaisant! » Un nuage, pourtant, assombrissait la solennité, et elle continuait : « Après la messe, on nous a amené un blessé nageant dans son sang. Ce pauvre s'est suicidé ! Vous ne vous figurez pas combien c'était pénible de le voir se débattre... Il avait une maladie nerveuse, et surtout des idées noires. Espérons que le bon Dieu lui fera miséricorde. Je plains de tout mon cœur sa pauvre femme et sa petite fille... » Mais les obus pleuvent de plus en plus drus, et elle note alors, dans ses lettres suivantes, leur fréquence toujours plus grande : « Dimanche, il en est tombé treize, mardi quinze, et c'est curieux comme on s'y fait. D'un côté, bombardement et, peu de temps après, musique dans la cour de l'hôpital... On ne conserve plus que les blessés inévacuables, les deux étages supérieurs sont vides et, à la moindre alerte, on les descend à la cave qui est assez bien installée. Nous y avons même une salle d'opérations... » Puis, quelques jours après : « Quelle canonnade !... Jeudi soir, on a opéré jusqu'à deux heures et demie du matin, et vendredi jusqu'à trois heures... Jamais nous n'avons vu autant d'hommes abrutis et à bout comme ces pauvres malheureux. Ils faisaient peine à voir. Il y en avait dont les cerveaux pendaient dehors, d'autres bras coupés, deux qui avaient le ventre ouvert... Aussi, ma chère Sœur Séraphine, je me suis couchée hier sans adoration, lecture et deux chapelets de moins... Il est onze heures du soir, et je suis éreintée... »

Malgré le bombardement, et les incessantes arrivées de mutilés et de mourants, elle n'en maintenait pourtant pas moins l'ordre et l'entrain dans l'établissement. Jamais démontée, et redonnant du cœur aux plus découragés, rendant le sourire aux plus souffrants, elle était même allée jusqu'à organiser une chorale où elle s'amusait à faire chanter aux blessés allemands, mêlés aux nôtres, ce refrain qu'ils répétaient sans le comprendre :

Nous les aurons,
Nous les aurons !

Chaque jour, cependant, le bombardement augmentait d'intensité et, le 4 janvier, il était d'une si grande violence qu'elle écrivait dans la journée à Sœur Séraphine : « Aujourd'hui 4, on peut se tenir prêt à rendre compte à

Dieu... » Le matin, en voyant se succéder les enterrements, et passer les cercueils enveloppés du drapeau, entre les hommes qui marchaient fusils bas, elle avait déjà dit, avec sa bravoure habituelle :

— Moi, je demande à être enterrée comme les soldats, et je veux aller en cimetière militaire... Allons, avait-elle ajouté en regardant encore défiler un cortège funèbre, puisque tout le monde doit mourir, il va falloir nous confesser tous aujourd'hui !

Une heure plus tard, les Allemands commençaient un feu terrible, l'hôpital semblait prêt à s'écrouler, les carreaux des maisons volaient en éclats et, vers cinq heures, la nuit tombée, on frappait à la porte de l'ambulance. C'étaient deux religieuses de l'École dont l'une avait reçu un éclat de bombe en faisant sa classe, et Sœur Ignace, après l'avoir pansée, ne voulait pas laisser les deux femmes s'en aller seules. Elle priait Sœur Isaïe de les reconduire avec elle, et les quatre religieuses se mettaient en route deux par deux, en se tenant à quelque distance, afin de ne pas former groupe. Elles s'étaient bientôt perdues de vue dans l'obscurité, et tout à coup, à quelques pas de Sœur Isaïe et de celle qu'elle accompagnait, un obus éclatait avec un épouvantable fracas, en les couvrant de terre et de cailloux. Tout étourdies mais ne se sentant pas blessées, et supposant qu'il en était de même de leurs compagnes, craignant en même temps d'autres explosions, elles entraient se mettre à couvert dans une cave voisine où se trouvaient déjà d'autres personnes, et où se réfugiaient aussi des soldats. Sœur Isaïe leur demandait s'ils n'avaient pas rencontré deux Sœurs, mais ils n'en avaient aperçu aucune, et elle commençait à se rassurer complètement, lorsqu'un chasseur arrivait en disant qu'une religieuse venait d'être blessée près de la fontaine, sur la place de la mairie. Tout angoissée, Sœur Isaïe quittait alors précipitamment la cave, demandait au chasseur de la conduire sur la place, et là, à côté de la fontaine, distinguait en effet une ombre allongée par terre, au milieu d'un groupe. Elle s'approchait aussitôt de cette forme immobile et noire, y reconnaissait Sœur Ignace, l'appelait, se jetait à genoux, lui parlait, croyait l'entendre soupirer, et envoyait le chasseur chercher immédiatement un prêtre et un médecin... Mais tout était fini, et Sœur Ignace ne donnait déjà plus signe de vie. Elle venait d'expirer, et l'automobile sanitaire, qui ne tardait pas à arriver, ne rapportait plus qu'un cadavre à l'ambulance.

Il est très rare qu'une mort fasse vraiment verser des larmes à une foule, mais dans tout Moosch, à la nouvelle de celle de Sœur Ignace, il ne se trouva personne pour rester les yeux secs. On la couchait sur un lit tendu de blanc, parmi les cierges et les fleurs, dans sa robe et dans sa cape noires, et ses mains jointes, ses yeux clos, son rosaire, ses lèvres qui semblaient presque remuer encore, lui donnaient l'air de prier. Puis, le dernier jour se levait, et le cortège, précédé de six prêtres-soldats, la menait au champ du repos comme on y mène les héros. A la foule des officiers et des troupes, à la garde d'honneur avançant fusils bas, on aurait pu croire au cortège d'un chef militaire, sans les symboliques et virginales guirlandes de fleurs blanches dont le cercueil était orné. Comme elle l'avait souhaité le matin même de sa mort, on la conduisait au cimetière militaire, où l'attendait sa tombe entre celles de deux officiers, on plantait dessus la croix de bois, on y attachait la cravate de tulle blanc, et la belle et tragique vallée, où devaient bien dormir encore quelque part, sous les roulements du canon, quelques anciens échos du moulin de Willer, assistait aux plus émouvantes funérailles qu'aient peut-être jamais vues les hommes !

Quelques jours après les obsèques, un planton venait à l'hôpital, et remettait un pli à la Supérieure. Elle en reconnaissait tout de suite l'écriture, y lisait en même temps : *Ouvert par l'autorité militaire*, et c'était, en effet, une lettre de Sœur Ignace à l'une de ses amies d'Amérique, pleine de trop cruelles réalités pour n'avoir pas été alors interceptée au départ, mais trop caractéristique pour ne pas être maintenant donnée ici.

A Mrs F... M... à Boston.

Moosch, le 31 décembre 1915.

« Ma toute chère et bonne amie,

« Malgré que je sois très en retard pour vous offrir tous mes vœux de bonne et heureuse année, je le fais d'autant plus chaudement... Si vous saviez quelle triste fin d'année nous avons passée ! Depuis le 22 décembre, et nous sommes le 31, on n'a pas arrêté d'attaquer, de contre-attaquer, et de bombarder la vallée, mais c'est surtout les 22, 23, 24 et 25 que c'était le plus fort. C'est tout dire quand, dans quarante-huit heures, on peut compter 1 095 blessés Français et 54 Allemands qui ont passé chez nous. Vous ne pouvez pas vous figurer une chose aussi épouvantable que le spectacle que nous avions nuit et jour sous les yeux. Il y en avait de couchés partout, dans les corridors, dans les escaliers et dans les chambres entre les lits ; partout des brancards. Et alors il fallait entendre ces plaintes, ces cris, ces pleurs, etc. Que d'opérations, d'amputations, de trépanations, et combien nombreux ceux blessés aux poumons comme notre bon F... Le Hartmansweiller-kopp est une vraie nécropole, et ce n'est pas fini. Ici, à l'hôpital, en dix jours, nous avons eu 78 morts. Alors, jugez !

« Nous avons, comme automobilistes ou conducteurs, rien que des Américains de bonne famille qui s'étaient engagés volontairement pour la durée de la guerre. Ils sont vraiment bien admirables et bien courageux. Eux qui aiment bien le confortable, ils ne l'ont pas, ou plutôt sont privés de tout. Ces jours derniers, un d'eux, de vingt ans, n'est plus revenu ; un obus l'a tué net sur une route, où il passait depuis tant de temps, et que son cher frère est obligé de parcourir plusieurs fois journellement. Il a été cité à l'ordre de la Division, et a reçu la croix de guerre. Pauvre petit ! Combien il l'a méritée !

« Si je vous disais que rarement j'ai vu des amies aussi gentilles et dévouées que les petites Américaines. Il y a Mmes W..., L... et quantité d'autres qui me sont bien dévouées, et tout cela grâce à votre délicate attention... Voilà quatre fois qu'on me dérange, et je suis en train d'écrire sur la table d'opérations, et il est minuit, le 1er de l'An.

« Vous m'excuserez de vous écrire aussi mal que cela, mais je dors debout...

« Votre grande amie.

« Sœur Ignace. »

VIII

UN CAMELOT DU ROI

Une dizaine d'années avant la guerre, un professeur de l'Université, resté tristement célèbre, avait cru pouvoir outrager impunément la mémoire de Jeanne d'Arc. Il se trompait. Un grand nombre d'élèves lui montrèrent leur indignation, et la protestation la plus retentissante fut celle du jeune Maxime Réal del Sarte. Ses études terminées, il entrait à l'École des Beaux-Arts, dans la section de la Sculpture. Attiré en même temps par la politique d'action, et gagné comme toute une jeunesse de son âge à la cause renaissante des idées d'ordre et de tradition, il embrassait avec enthousiasme les doctrines de *l'Action Française*, s'engageait parmi les Camelots du Roi, et devenait leur président général.

Accomplissant, à quelques années de là, une période d'instruction militaire, et portant un jour une dépêche au fort de Toul, il recevait deux coups de feu. La route, montueuse et boisée, facilitait les embuscades, et l'auteur de l'attentat n'avait jamais été découvert. L'enquête ne donnait aucune indication. Mais il s'était agi d'une affaire politique, c'était le Camelot du Roi qu'on avait visé, et on ne l'avait pas manqué. Il avait été blessé, et réformé à la suite de ses blessures. Puis, il recouvrait sa santé et ses forces, et se remettait à son art dont il avait la passion, étudiant, travaillant, et venant assidûment à l'École.

L'usage, tous les ans, à l'École des Beaux-Arts, était de fêter le prix Rougevin par une cavalcade, et certains élèves, une année, avaient projeté d'y faire défiler un char où devait être bafouée Jeanne d'Arc, comme au lycée quelques années plus tôt, dans les cours du professeur. Maxime allait alors prévenir les auteurs du projet que ses Camelots et lui ne leur permettraient pas de le mettre à exécution et, le jour de la cavalcade, le char était à peine sorti qu'ils le démolissaient pièce à pièce. L'indigne mascarade n'avait pas duré longtemps, mais ses organisateurs avaient juré de se venger, et toute une bande, quelques jours après, assaillait Maxime dans la cour de l'École, le frappait, le jetait par terre, le piétinait, et le laissait à moitié assommé et couvert de sang.

Aussitôt la guerre déclarée, comme il se trouvait dans la position de réforme, il réclamait sa réintégration dans le service actif, passait son examen d'aspirant, puis partait pour le front de Lorraine, au printemps de 1915, après un séjour à Saint-Maixent, mais restait d'abord plus de six mois à l'arrière, à Marcheville, La Calonne et dans d'autres cantonnements, d'où l'on n'apercevait que des forêts. D'heureuse humeur, de belle mine, de robuste santé, et solide au moral comme au physique, mais d'une extrême vivacité d'imagination et d'une profonde sensibilité d'esprit, de cette sensibilité d'artiste déjà notée chez Jean-Marc Bernard, il ressentait alors, lui aussi, dans le vaste et mélancolique espace de ces bois, quelque chose de ce dégoût de vivre et de cet accablement que le soldat appelle « le cafard », mais s'appliquait à l'éloigner par tous les moyens possibles, et le combattait de toute son énergie. Il étudiait et observait ses hommes, s'amusait au pittoresque de leur courage, de leur résignation, de leurs réflexions ou de leurs physionomies, admirait la grandeur du paysage. Son crayon et son album ne le quittaient pas et, dans le recueillement des ombrages ou le clair-obscur et les cachettes des boyaux, il dessinait et prenait des croquis de guerre. Toute la fin de l'année se passait ainsi, et les jours s'écoulaient, toujours pareils, sans une maison en vue, sans un village à l'horizon, dans le silence et le désert sylvestres, où parvenait seulement le bruit lointain du canon, lorsque vers le milieu de décembre, sa compagnie était envoyée aux Éparges, sur les fameux Hauts de Meuse où se livraient tant de combats et dont les dépêches parlaient tant !

Les bois, à cet endroit, couvraient toujours le pays, mais on y retrouvait quelques traces d'habitation, et la troupe campait dans les ruines d'un village, à une centaine de mètres des Allemands. C'était, en conséquence, un incessant contact avec eux, et la nuit, lorsque sa section se trouvait au repos, Maxime, après les rencontres de la journée emmenait encore des volontaires accrocher des écritaux aux fils de fer de l'ennemi. A travers l'obscurité, en évitant les fusées lumineuses, on se glissait jusqu'aux réseaux, et on y suspendait des pancartes. Elles portaient : *Rendez-vous !...* Ou bien : *On les aura !...* Ou bien encore, l'inscription était humoristique, et on lisait même dans l'une de celles-là, dont l'auteur avait bien pu être Maxime lui-même : *Vive Caillaux !*

Les hommes, d'habitude, ne manquaient pas pour ces expéditions, mais ne se présentaient pourtant pas toujours du premier coup. On était fatigué, on sommeillait déjà sous ses couvertures, et Maxime avait observé que les plus disposés à se réveiller étaient alors les Parisiens, quand on faisait appel chez eux à l'esprit de quartier.

— Allons, disait-il, aux réseaux !.. Qui est-ce qui vient ?

Personne ne bougeait.

— Eh ! bien, on ne m'entend pas ?

Nouveau silence.

— Allons, criait-il plus fort, aux réseaux !... Voyons, le Boulevard de Courcelles !

Alors, on entendait remuer, et des voix répondaient :

— Allons, si vous voulez...

Nuit et jour, les obus tombaient sur le cantonnement, mais Maxime et ses hommes les accueillaient gaîment.

— Ça, mon lieutenant, c'est pour notre cafetière, lui disait l'un d'eux, un beau jour qu'une marmite les avait enterrés ensemble sous les pierres.

Un autre, accouru pour le retirer d'un trou où l'avait projeté une bombe, et ne parvenant pas à le dégager, lui criait à travers les branchages et les cailloux :

— Ça va bien, mon lieutenant, j'ai toujours votre cigare !...

Comme tous les officiers vraiment dignes de leur mission, il avait pour ses soldats une véritable affection, et courait un jour essayer d'en sauver un qu'on lui disait blessé à mort sur le parapet. Il s'efforçait de le rappeler à la vie, le consolait, et lui faisait baiser une petite croix que le brave garçon portait au cou, quand un éclat de torpille l'éventrait entre ses bras. Huit jours après, il n'avait pas encore eu le temps de se laver du flot de sang dont il avait été couvert !

La bataille, en effet, pendant plus d'une semaine, ne lui avait laissé aucun répit, et le 29 janvier, au plus fort d'une violente attaque, on lui apportait une nouvelle qui le jetait dans la désolation. Un de ses meilleurs amis, Paul Lefèvre, appartenant comme lui à la compagnie, et comme lui Camelot du Roi, venait d'être tué. Sous le premier coup de l'émotion, il ressentait d'abord de la rage, mais se ressaisissait, puis apprenait que Lefèvre avait été frappé par une mitrailleuse dont on ne parvenait pas à déterminer l'emplacement, et dont les ravages étaient terribles. Il se jurait alors d'en repérer la position coûte que coûte, faisait retirer sa section pour ne pas l'exposer à un massacre, se postait seul en observation sous la mitraille, et découvrait enfin la place de la pièce que détruisait immédiatement l'artillerie. Malheureusement, il n'échappait pas à la riposte, et tombait tout à coup, violemment projeté à terre. Il avait un poignet broyé, et perdant son sang, tout étourdi, pouvant cependant se relever, il allait à la recherche du poste de secours.

— Le poste ? demandait-il à quelques centaines de mètres de là en tenant en l'air son poignet d'où le sang coulait et en s'adressant à un aide-major qu'il rencontrait devant une porte... Le poste ?

Mais l'aide-major ne lui répondait pas, et ne semblait même pas l'entendre.

— Le poste ? insistait Maxime.

— Vous ne savez donc pas lire ? lui disait alors l'aide avec froideur en lui montrant de l'œil et de la tête une inscription placée au-dessus de la porte.

L'inscription, en effet, indiquait le poste, et Maxime entrait, mais retenait un cri de douleur en apercevant Lefèvre immobile et rigide sur un brancard. Puis, soutenant toujours sa main broyée, d'où le sang continuait à s'échapper, il demandait une piqûre contre le tétanos, mais l'aide-major refusait.

— Vous ne voulez pas me piquer?

— Ça ne presse pas...

Le sang, cependant, coulait sans arrêter, et Maxime, que la mélancolie des bois avait quelquefois accablé jusqu'à lui inspirer comme un désir de mourir, éprouvait subitement, dans ce poste rempli de blessés, devant cette civière où gisait son ami, et cet aide-major au ton hostile, une frénétique volonté de vivre, et criait, en voyant se vider son artère, à deux hommes qui se trouvaient là :

— Oh! mais liez-moi la main!... Mais liez-moi donc la main!...

Et, cherchant fiévreusement comment arrêter le sang, apercevant une musette, il s'y faisait envelopper et serrer le poignet, lorsque le major survenait... Autant l'aide avait mis de mauvaise grâce à lui répondre, autant le major lui-même s'empressait de l'examiner, mais en l'avertissant, après l'avoir piqué, et rassuré sur le retard de la piqûre, que le pansement ne pourrait se faire qu'à l'ambulance.

— Est-ce qu'elle est loin? demandait Maxime.

— A trois kilomètres, à la Chevrotterie... Les brancardiers vont vous y transporter.

— Non, répondait Maxime, il faut les laisser pour les mourants... J'irai à pied...

Et portant sa main serrée dans sa musette, la maintenant toujours en l'air, accompagné des deux hommes avec lesquels il faisait le chemin à pied sous les balles et sous les bombes, il arrivait à l'ambulance à la nuit.

En réussissant à repérer la mitrailleuse, Maxime Réal del Sarte avait sauvé sa compagnie, mais il y avait laissé son poignet gauche. Transporté à l'hôpital de Verdun après une nuit passée à l'ambulance, il y était amputé, subissait heureusement l'opération, et le général, dès le jour suivant, venait lui apporter la médaille militaire, avec sa citation à l'Ordre de l'Armée, en lui disant, après l'avoir félicité :

— Maxime, il vous reste une main, et nous pouvons encore attendre de vous de belles choses !

Le général ne s'était pas trompé, et les amis du jeune statuaire étaient bientôt à même d'en juger. Certains groupes exposés dans son atelier, comme ce *Toit du Monde* où l'on voit Adam et Ève unis dans un geste de mutuel soutien étendre sur l'humanité comme une mélancolique protection, dataient d'avant la guerre, mais d'autres œuvres plus récentes, et notamment un buste de jeune femme, une Jeanne d'Arc encore à l'état d'ébauche et de jolies figurines en cire polychrome, témoignaient toujours de l'habileté de l'artiste, malgré sa mutilation. Il se plaisait d'ailleurs à vous montrer comment, avec son unique main, il avait encore presque autant de force et d'adresse qu'avant son amputation. Il aimait aussi à feuilleter sous vos yeux son album de guerre, tout illustré d'étranges, tragiques ou fantastiques croquis pris sous le fracas des bombes ou dans le désœuvrement de la tranchée, et on cherchait alors à sa boutonnière le glorieux petit bout de ruban jaune et vert qu'était venu lui remettre le général à l'hôpital de Verdun, mais on se rappelait en même temps la noble destination qu'il lui avait donnée. Il s'était rappelé, en se voyant médaillé, que l'héritier de la

Couronne de France était privé dans son exil de combattre pour la Patrie, et le Camelot du Roi, à qui il avait été permis de verser son sang, avait envoyé sa médaille à son prince, qui n'avait pas pu donner le sien !

Capitaine de Visme.

Un prêtre-soldat.

Commandant Touchon.

Guynemer.

IX

LE CAPITAINE DE VISME

Le 25 février 1916, par une mauvaise journée de neige et de boue, le 146e d'infanterie s'arrêtait, dans l'après-midi, à Chaumont-sur-Aire, petite localité de la Meuse, à moitié chemin de Bar-le-Duc et de Verdun. En route depuis deux jours, les hommes, malgré leur entrain, n'étaient pas fâchés de se reposer un peu, mais leur repos devait être court, et à cinq heures, ou dix-sept heures selon le nouveau style, le commandant de la 3e compagnie du bataillon de mitrailleurs, le capitaine Jacques de Visme, venait inscrire lui-même sur le cahier d'ordres : *Appel à 19 heures. Réveil à 23 heures 15. Départ à o heure 30. Les sous-officiers coucheront avec leurs hommes.* Un contre-ordre, dans la soirée, retardait, il est vrai, le départ du régiment, dont le transport devait avoir lieu en camions-autos, mais rien n'était changé pour les compagnies de mitrailleuses. Elles devaient toujours faire l'étape à pied, et à vingt-trois heures quinze, comme l'avait indiqué l'ordre, le réveil sonnait pour elles. Une heure plus tard, par une nuit noire, « une nuit d'encre » a dit un témoin, sous une pluie glacée qui pénétrait les os, le bataillon quittait Chaumont-sur-Aire.

Entré d'abord dans les dragons en quittant Saint-Cyr et Saumur, d'où il était sorti brillamment, le septième de la première école et le premier de la seconde, le capitaine de Visme avait renoncé à la cavalerie pour s'engager dans l'infanterie, et ne commandait sa compagnie que depuis un mois. Agé de vingt-cinq ans, appartenant par sa famille à la haute société protestante de Paris, de mâle et beau visage, de nature délicate et d'âme religieuse, il donnait à tout le monde une impression de charme, de sensibilité et de finesse. Un de ses camarades écrivait de lui dans une lettre : « Il m'a témoigné tout de suite, presque sans me connaître, une si bonne confiance que l'on s'aimait déjà. Je n'étais alors que sous-officier, et il me traitait déjà en égal... Jacques devint vite pour moi le cœur où l'on aime à s'épancher. Quoique de religion différente, seul sujet dont nous n'ayons jamais parlé ensemble, nous sympathisions en tout... J'allais souvent le voir dans sa chambre, et j'ai trouvé sur sa table certains livres de piété dont l'usure prouvait un usage fréquent... » Un autre aimait à rappeler la fougue avec laquelle, au sortir de l'École, ils entraînaient ensemble leurs chevaux, et comment, ensuite, dès la guerre, ils faisaient des reconnaissances d'où ils avaient failli souvent ne pas revenir. Il ajoutait : « C'était un brave, et nous aimions à causer de guerre ensemble. Nous nous comprenions et nous nous aimions. » Aimer la guerre et ses compagnons de guerre, tout le capitaine de Visme était là ! Son changement d'arme avait été pour lui un véritable drame intérieur. Passionné pour la cavalerie, mais n'y trouvant pas l'activité désirée, désolé d'y laisser des camarades auxquels il s'était attaché de cœur, mais décidé à tout pour servir comme l'y poussait son impatience du combat, il avait vivement souffert de quitter son corps et ses hommes, mais n'en annonçait pas moins avec triomphe à ses parents son passage au 146e, et sa nomination de capitaine de mitrailleurs. Un mois plus tard, son régiment avait reçu l'ordre de se rendre à une destination gardée secrète, et gagné alors Chaumont-sur-Aire, pour être transporté de là sur un autre point en camions-autos, pendant que le bataillon de mitrailleurs devait continuer sa marche à pied.

Personne, parmi les soldats, ne savait où l'on allait, mais le colonel, au moment du départ, avait confié à son entourage :

— A vous, je ne vous le cacherai pas, nous sommes appelés à une mission de sacrifice complet... Les Allemands avancent avec une artillerie formidable, et nous n'avons rien !

A cette heure sombre, et dans cette nuit glaciale, les mitrailleurs du 146e partaient donc pour une marche au martyre, et l'une des plus écrasantes qu'ait eu à fournir une troupe. Les officiers, heureusement, avaient la pleine confiance des soldats, mais pas un d'eux ne la possédait comme le capitaine de Visme. L'espèce de tendresse guerrière qu'il éprouvait pour ses hommes l'avait vite rendu leur idole et, par un de ces gestes dont il avait le don, sachant combien l'étape allait être dure, il avait résolu de la faire à pied comme eux, et donné son cheval à son ordonnance, qui devait le monter à sa place.

On s'était donc mis en route aussitôt après minuit. Le vent soufflait, il pleuvait, les pieds glissaient dans la boue, il faisait tellement sombre qu'on ne reconnaissait même pas ses voisins, et la colonne, dans cette obscurité, avançait d'abord en silence. Puis, un vieux sergent entonnait la rengaine :

> Un éléphant se balançait
> Sur une assiette de faïence...

Alors, la troupe reprenait les couplets, et marchait quelque temps au rythme de la chanson.

Au bout d'une heure, on faisait une première halte, et le capitaine de Visme passait parmi les soldats, en leur demandant comment ils allaient.

— Mais ça va, mon capitaine, lui répondait-on. Ça va... çava...

Et, d'heure en heure, ensuite, quand il repassait de même dans les rangs, les voix répondaient toujours :

— Mais ça va, mon capitaine, ça va bien !... D'abord, mon capitaine, on vous suit !...

On marchait déjà ainsi depuis plus de six heures lorsque le jour commençait à poindre. On distinguait alors peu à peu les formes, le pays se dessinait, les silhouettes se précisaient, et les hommes se disaient avec admiration :

— Regarde donc le capitaine !

— Oui... Ah ! il marche !

— Et son cheval, tu le vois ?

— Oui, c'est Bonneau qui le monte !

— Mon vieux, pour un officier qui vient de la cavalerie, c'est un *as* !...

Vers neuf heures, la colonne atteignait Souilly. On mangeait, on se reposait, puis l'ordre était donné de repartir, Bonneau remontait sur le cheval, et on se remettait en chemin.

Plongeant dans les vallons, ou regagnant

les plateaux, la route traversait un panorama magnifique, et le bataillon, à deux heures de Souilly, croisait des groupes de gens en fuite. Ils disaient s'être sauvés de Verdun, et la colonne devinait alors où elle allait, quand toute une suite d'ordres et de contre-ordres venaient encore compliquer sa marche. Ou bien, à une croisée de chemins, on prenait à droite, mais pour faire bientôt demi-tour, retourner sur ses pas, et prendre une autre direction. Ou bien, on coupait tout à coup à travers champs à destination de crêtes et de petits bois où l'on espérait camper, mais on n'avait pas fait cinq cents mètres qu'un contre-ordre arrivait encore, et qu'il fallait de nouveau revenir en arrière, pour se remettre à suivre la route, dont le ruban se déroulait à l'infini.

— C'est long ! finissait par grogner quelqu'un.

— Bah ! répondait le sergent à la chanson de l'Éléphant, ça ne sera jamais si long que les impôts !

On riait, le capitaine marchait toujours de son allure tranquille, Bonneau montait toujours le cheval, et tout le monde, malgré la fatigue, continuait à marcher en redoublant d'énergie.

Le jour, vers cinq heures, commençait cependant à baisser, et on s'arrêtait, à la nuit, dans une localité du nom de Regret. Les compagnies faisaient la soupe, et le capitaine de Visme félicitait ses hommes. Il payait à chacun un quart de vin, les encourageait et leur annonçait qu'ils allaient coucher à Verdun, à la caserne Marceau... Puis, le bataillon repartait encore, entendait bientôt tonner le canon, et ne tardait pas à croiser des régiments qui semblaient revenir du combat.

On leur criait alors au passage :

— Eh ! là-bas... Vous venez de Verdun?

— Oui.

— C'est loin, Marceau?

— Quatre kilomètres...

Une heure ensuite, seulement, on n'apercevait pas encore Marceau, et d'autres troupes, passant toujours, répondaient de même aux mêmes interpellations. Néanmoins, on marchait de bon cœur, le canon tonnait de plus en plus près et, au pied d'une côte, où l'on continuait à rencontrer des troupes, les hommes leur criaient encore :

— Et Marceau?

On leur répondait enfin :

— C'est là-haut...

Il y avait plus de vingt heures qu'ils étaient en marche, et la route, à leur arrivée, se retrouvait aussi boueuse, la boue aussi glissante, la pluie aussi glacée, l'obscurité aussi noire qu'au départ. Quelques hommes, malgré leur courage, avaient dû rester en chemin, d'autres pleuraient de souffrance, tous tombaient de lassitude, et la caserne était si encombrée qu'on ne voulait pas d'abord les recevoir. Devant l'insistance, et presque la violence du capitaine de Visme, on consentait cependant à les loger, et ils pouvaient enfin, un peu avant minuit, écrasés de fatigue et de sommeil, s'étendre sous un abri. Mais ils n'y reposaient pas depuis trois heures que le colonel faisait appeler les capitaines, et leur disait, vers deux heures du matin :

— Messieurs, vos hommes ont déjà fait une marche terrible... Considérez-vous pourtant comme possible de les remettre encore en route, pour engager le combat à cinq kilomètres d'ici ?

— Mon colonel, lui répondait le plus ancien du grade, le capitaine Barriat, ce n'est pas possible humainement, mais au 20e corps, ça peut se faire !

Alors, les compagnies, qu'on allait réveiller, repartaient encore, se trouvaient en ligne avant l'aube, et là, sous une tempête d'artillerie, criblaient elles-mêmes l'ennemi de leur mitraille, repoussant le flot allemand qui ne cessait de s'élancer, pour se briser contre leur feu. La bataille durait six jours, et le capitaine de Visme y était blessé dès le début, mais ne voulait même pas paraître le sentir. Allant et venant dans la tourmente, mettant la main à l'installation des pièces, assurant le tir, entraînant ses hommes, prudent pour eux sans l'être pour lui-même, il était partout, se dépensait partout, et tombait, le sixième jour, foudroyé par une balle, sans une plainte et sans un cri... Le soir même, le fort était repris, et le colonel et le commandant attestaient, par leurs lettres à sa famille, pour quelle large part il avait été, depuis Chaumont, dans le miracle de la marche et dans celui du combat...

Un jour, à quelques semaines de là, le capitaine Augustin Cochin, qui devait aussi laisser un si grand souvenir, et qu'une amitié héroïque liait à de Visme, se trouvait en permission à Paris, et racontait les péripéties de la bataille.

— Et Jacques? lui demandait-on... Comment avait-il accueilli la nouvelle de cette mission de sacrifice annoncée par le colonel?

— Mais il en avait paru content, répondait Cochin.

— Et, en arrivant à Verdun, après cette marche de vingt heures?

— Oh!... Il était frais comme la rose, et seulement un peu peiné à cause de ses hommes [1]!...

1. Le frère du capitaine de Visme, l'adjudant Pierre de Visme, du 127e d'infanterie, était également tué, le 3 septembre 1916, à Maurepas.

X

UN PRÊTRE-SOLDAT

Jean-Maurice Portas était né à Périgueux le 11 novembre 1885. Son père, originaire des environs, avait d'abord été cultivateur à Saint-Orse, et s'y était marié. Obligé ensuite de renoncer à la terre, il était venu s'établir au chef-lieu où, tout en n'étant pas sans bien, il entrait comme manœuvre à la Compagnie d'Orléans. Plus tard, avec sa dot et celle de sa femme, il avait acheté un petit terrain derrière le Carmel, entre Saint-Martin et le faubourg du Toulon, s'y était fait bâtir une maison, et devait l'habiter jusqu'à sa mort.

Le jeune Maurice était un enfant particulièrement docile et doux, mais d'une sensibilité extrême, et qui se troublait et pleurait au moindre mot. Aucun élève, au pensionnat

Saint-Jean, n'était cependant aussi aimé des autres, car aucun ne s'oubliait pour eux d'aussi bon cœur. Unanimement désigné un jour par ses petits camarades pour la mention d'honneur à décerner au plus méritant, lors d'une tournée du Frère visiteur, il en avait rougi jusqu'au blanc des yeux, et fondu tout à coup en larmes. Puis, la visite ayant prolongé la classe, et sa mère lui ayant demandé un peu sévèrement pourquoi il rentrait si tard, il lui en avait donné la raison, mais avec un si grand trouble, et tellement bouleversé, qu'elle en était restée elle-même tout émue.

Mme Portas avait un cousin germain curé à Beaussac, joli village du canton de Mareuil-sur-Belle, et le petit Maurice n'avait pas encore dix ans qu'il déclarait déjà vouloir se faire prêtre comme son oncle l'abbé Geneste. Toute sa joie était d'aller le voir avec sa mère, et tout son rêve de venir vivre un jour au presbytère. Aussi, après sa première communion, les Portas avaient-ils consenti à l'envoyer chez leur parent, qui se trouvait désormais chargé de son éducation, et pouvait juger à loisir de l'enfant confié à sa direction. De cœur tendre et d'âme délicate, mais timide, et toujours prêt, selon l'expression même de son oncle, à se « recoquiller » au moindre reproche, comme ces fleurs qui se referment au moindre nuage, il préférait la retraite à toutes les camaraderies, ne demandait qu'à être seul, et ne restait en même temps jamais inoccupé, faisant de la menuiserie et de la peinture, s'amusant à dresser des bêtes, et remplissant ainsi tous ses instants. Avec cela, détestant le travail des champs, et extraordinairement peureux ! Il avait même fallu pratiquer entre sa chambre et celle du curé un guichet qui restait ouvert toute la nuit. Autrement, il n'aurait jamais pu dormir. Son oncle lui donnait des congés pour aller voir ses parents, et son père et sa mère l'engageaient alors à les prolonger un peu, mais il s'y refusait toujours, et leur répondait gravement que, devant un jour être prêtre, il ne pouvait pas rester chez eux passé le temps permis. L'abbé Geneste l'avait déjà ainsi comme pensionnaire depuis plus d'un an, quand il avait été nommé curé de

Lanquais, dans le Bergeracquois, où le suivait le petit Maurice, de plus en plus dominé par sa vocation, et résolu, afin de s'en rendre plus digne, à vaincre ses petits défauts. Le soir, en conséquence, pour se guérir de sa peur, il allait, à la tombée de la nuit, chercher du tabac pour son oncle au bureau du bourg, s'y rendait en courant, et revenait en courant encore plus vite. De même, pour combattre l'aversion que lui inspiraient les travaux de la terre, il s'était imposé de nettoyer les allées du presbytère, et les raclait consciencieusement une bonne partie de la journée.

Le 11 novembre 1901, le jour même de ses seize ans, Maurice Portas perdait son père. Il était alors, depuis un an, à l'École cléricale de Périgueux, et sa mère, devenue veuve, se retirait à Lanquais chez son cousin, où le jeune homme continuait lui-même à venir passer ses vacances et ses congés. Tous les deux ans, l'oncle, la mère et le fils allaient en famille à Notre-Dame de Lourdes, et Maurice se trouvait toujours comme transformé par ces journées de pèlerinage, où il montrait un entrain et une expansion extraordinaires. Enfin, il était entré au Séminaire et, en 1910, était nommé vicaire à Nontron. Il avait alors vingt-cinq ans. Grand, élancé, toujours un peu timide mais plein de bonne grâce, d'apparence frêle mais vaillant, d'une bonté simple et d'une modestie vraie sous lesquelles se cachait une énergie douce, il avait plu tout de suite à la population. L'Archiprêtre l'avait chargé du patronage des jeunes gens et, chaque année, certains d'entre eux partant pour le régiment, où ils allaient faire leur service militaire, comme il avait lui-même fait le sien, il ne cessait pas pour cela de les conseiller et de les suivre, leur écrivait fréquemment, et les lettres par lesquelles il leur continuait ainsi ses directions mettent particulièrement bien en relief sa physionomie ecclésiastique.

Le caractère le plus marquant de cet apostolat par correspondance est d'abord ce qu'il a de pressé et de bref. Les plus étendues de ses recommandations n'ont pas vingt lignes. D'autres n'en ont que cinq ou six. On dirait déjà des instructions envoyées d'un champ de bataille. Ce qu'on y remarque ensuite, c'est la sensibilité, la délicatesse des conseils, et ce qu'ils ont de doucement, mais de tenacement impérieux. Il y est répété à chaque instant : « Il faut... On doit... C'est le devoir... » Sous l'affection et la tendresse, on sent bien vraiment le directeur. Enfin, on y est à la fois frappé par leur piété et leur familiarité. C'est le ton d'une camaraderie mystique, mais celui d'une camaraderie.

Il écrit ainsi à l'un de ceux que suivait plus spécialement sa sollicitude : « C'est pénible, mon cher ami, de quitter les siens. Mais ne sommes-nous pas faits pour cela les uns et les autres? N'est-ce pas aussi en prévision de ces éloignements que le bon Dieu a mis dans l'amitié une telle source de courage et d'énergie qu'à elle seule elle est capable d'empêcher le découragement, même aux heures les plus noires ? Il te faut donc envisager crânement la vie en face... » Dans une autre lettre : « Il me semble que tu prends un peu de courage malgré tes heures noires. Tu as encore besoin de réagir pour cela. Je compte sur toi... Te voilà donc dans un patronage. Tant mieux ! Et membre du... Deux fois tant mieux ! Et conférencier. Vingt fois tant mieux ! Aie beaucoup confiance en ton directeur. Il nous faut à tous, mon cher ami, une personne à qui nous puissions tout dire. Il faut qu'elle soit près de nous, car parfois on n'a pas le courage d'écrire et on a la force de parler. Avec cela, et les prières de tous tes amis, en route !... » Et, quelque temps après : « A peine le temps de griffonner au crayon sur un papier quelconque. Ta mère vient de me dire que tu ne viendras pas à Noël. Il faut que tu viennes... Fais l'impossible pour cela, ne serait-ce qu'un jour. Tes parents seraient trop tristes... » Dans l'un des billets suivants : « Ta mère et ton père te font dire de leur écrire. Ne te fais pas prier, ils sont si contents quand ils reçoivent un mot de toi ! Dis-leur ce que tu fais et, si tu es fatigué ou si tu t'ennuies, tu n'es pas obligé de le mettre... » Une autre fois, il insiste pour lui faire encore demander une permission : « Je rentre, et j'ai juste le temps de te demander de venir le 15. Il le faut pour tes vieux qui veulent te voir. Voici cinq francs pour le voyage. Inutile d'en parler. Cela rentre dans tes économies. Tu manifesteras ta reconnaissance par une bonne prière... Bon courage, mon petit Fernand. Le bon Dieu n'abandonne jamais. Il éprouve, mais c'est pour fortifier le caractère... » Et ailleurs : « Eh bien ! que fais-tu ? Veux-tu te dégourdir ? Tu t'es laissé pincer par tes idées noires. Allons ! Expédie-moi tout cela loin de ton esprit et de ton cœur. J'attends une lettre de toi. Il me la faut sans tarder. Et puis, pas de fausse honte ! Tu sais combien je t'aime, et une hésitation me ferait de la peine... » Et il lui recommande encore instamment, quelques jours après : « Il faut que tu viennes à Pâques. Tes parents ont besoin de te voir. Il faut les contenter, un désir des parents est un désir que j'appellerais volontiers sacré. Tâche d'obtenir la permission... Ta mère voulait te répondre, mais c'est un bien gros travail pour elle. Alors, je me suis chargé de la commission, et j'en profite pour t'embrasser... »

Dès la déclaration de Guerre, l'abbé Portas était lui-même rappelé sous les drapeaux, et trouvait alors, malgré toute sa tendresse filiale, la force de partir pour le front sans aller embrasser sa mère, afin de lui éviter le déchirement des adieux. Il avait fait son service au 250e d'infanterie, d'où il était revenu avec les galons de sergent-fourrier, et les raisons qui lui avaient toujours valu partout tant de sympathies lui avaient également gagné celles des soldats. Aimé des jeunes gens de son patronage au point qu'on pouvait l'en dire adoré, il avait aussi conquis très vite l'affection et le respect des hommes de sa compagnie, et vivait d'ailleurs avec eux sur le pied d'une assez libre camaraderie. Beaucoup, en le retrouvant dans la vie civile, continuaient même à l'y tutoyer comme au régiment, et son lieutenant, aux manœuvres, ne l'appelait jamais familièrement que « le curé », tout en le respectant beaucoup, et en lui servant même quelquefois la messe.

— Où est le curé, demandait-il en plaisantant.

Et il s'amusait à ajouter :

— Nous n'avons rien à craindre... Nous avons un curé avec nous en cas d'accident...

La popularité du fourrier Portas remontait donc assez loin, et datait de ses premiers galons, mais devait encore grandir avec la Guerre. Sa vaillance au combat n'avait d'égal que le dévouement avec lequel il se jetait à genoux auprès des blessés et des mourants pour les secourir ou les absoudre, et tant de bravoure et de charité touchaient les âmes les plus dures. On le trouvait toujours aussi prêt à exercer son ministère qu'à faire le coup de feu et, dès les premiers jours de la Guerre, il était nommé sous-lieutenant, à la bataille de Bapaume. Sur le point de commencer sa messe lorsqu'était arrivé l'ordre de partir, il avait aussitôt quitté ses ornements, rejoint son poste, et son commandant de compagnie écrivait, quelques jours après, à l'Archiprêtre de Nontron : « C'est sur ma proposition, et pour sa belle conduite sur le champ de bataille de Bapaume que votre vicaire, M. l'abbé Portas, a été nommé sous-lieutenant. Il a fait bravement son devoir sur la ligne de feu comme sous-officier, mais il l'a fait aussi comme prêtre. Il avait promis les secours de la Religion à ceux qui les lui demanderaient ou l'avaient prié de les leur porter. Sous une pluie de balles, il allait d'un blessé à l'autre, encourageant celui-ci, recueillant de celui-là le dernier soupir, le suprême adieu aux êtres chéris. Il n'a pas été blessé, mais il a fait tout ce qu'il fallait pour l'être. »

Le régiment, le lendemain de la bataille, s'arrêtait à Frévent, où l'école libre était réquisitionnée pour loger la troupe. Le fourrier Portas venait prendre possession de l'établissement, et la directrice et ses sous-maîtresses ne pouvaient s'empêcher de s'intéresser à l'air fragile et doux de ce grand et mince sous-officier, dont la sollicitude pour le soldat avait comme quelque chose de maternel. Elles voyaient ensuite arriver les hommes, et sa patience, au milieu de leurs réclamations, ne leur causait pas moins d'admiration. Plusieurs d'entre eux semblaient assez grossiers, et d'autres avaient même d'assez mauvaises figures, mais tous, lorsqu'ils lui parlaient, le regardaient avec déférence. En apprenant qu'il était prêtre, elles insistaient pour l'inviter le soir à leur table, et remarquaient d'abord la profonde tristesse que lui avaient laissée les terribles visions de la veille. Puis, il devenait moins taciturne, leur parlait de sa paroisse et de son pays, de Lanquais, de sa mère, de son oncle le curé, et la directrice, le jour suivant, écrivait à Mme Portas : « Madame, j'ai eu l'honneur et le bonheur hier de recevoir M. Portas, sergent-fourrier du 250e... De suite, je remarquais l'intérêt qu'il portait à ses hommes et le bien-être qu'il désirait pour eux, et je ne fus pas très étonnée quand l'adjudant me dit tout bas qui il était. Vous pouvez être fière, madame, d'avoir un tel fils, et toutes, ici, nous avons été profondément touchées de son égalité d'humeur, de la bonté qu'il témoigne à tous et de son oubli complet de lui-même. Son souvenir ne s'effacera pas de notre mémoire... Arrivé dimanche à trois heures de l'après-midi, il nous a quittées le lundi à cinq heures du matin. Nous avons voulu le soigner comme vous l'auriez fait vous-même, mais nous avons dû insister longtemps avant de réussir à lui faire accepter un lit et un repas. »

Un mois plus tard, le 250e se battait dans la Somme, et l'un des jeunes gens du patronage de Nontron recevait cette carte du front : « *Dans une tranchée, face à l'ennemi.* Merci, mon petit Antonin, de toutes tes lettres. Elles sont vraiment bien bonnes, et j'y puise beaucoup de courage pour accomplir chaque jour mon devoir. Ce sera une grande consolation et joie pour tous de penser que, par tes lettres, tu aides ton petit sous-lieutenant à servir la Patrie. Prie toujours bien, fais des sacrifices, rien de tout cela n'est perdu, et songe que, bien souvent, pendant le jour, ou la nuit en sentinelle, ma pensée et mon cœur vont vers vous tous que je désire tant revoir. Embrasse tous les camarades pour moi, et remercie tous ceux qui m'ont écrit... Bonjour à ta famille. Je t'embrasse. »

Le régiment, à ce moment-là, occupait, au bord de l'Avre, au pied de Villers-les-Roye, des tranchées établies dans les champs, à proximité d'un petit bois. Les sorties contre les Allemands étaient fréquentes, et le sous-lieutenant Portas y faisait toujours, comme à Bapaume, « tout ce qu'il fallait » pour être tué, mais sans être jamais atteint, semblait même comme invulnérable, et commençait à s'en divertir, en criant quelquefois dans la fusillade :

— Ah ! les maladroits !... Ils ne savent pas tirer... Si ça continue, je serai obligé, après la guerre, de cribler moi-même mon habit de balles, pour qu'on ne m'accuse pas d'avoir fait l'embusqué !...

Les balles et les obus ne devaient pas cependant toujours l'épargner et, le 6 octobre, il disparaissait dans une alerte de nuit, sans que les récits de sa mort aient jamais bien concordé, ni que son corps ait même jamais été retrouvé.

Vers le milieu de la nuit, d'après certains témoins, un soldat cycliste rencontrait, après l'attaque, les restes de la compagnie dans une tranchée de seconde ligne, et demandait aux hommes s'ils avaient beaucoup souffert.

— Oh ! oui, lui répondaient-ils.

Ils ajoutaient :

— Tenez, le sous-lieutenant Portas a été tué, le voilà !...

Et ils lui montraient un mort étendu au fond de la tranchée... On venait alors, au jour, pour reconnaître le corps, mais ni le mort, ni les hommes n'étaient plus là.

D'après d'autres témoins, le lendemain même du 6, un homme avait annoncé à sa mère qu'il venait d'assister aux derniers moments de l'abbé Portas, mais l'homme était mort lui-même lorsqu'on lui avait écrit pour lui demander des détails. D'autres racontaient aussi avoir vu le vicaire tué à bout portant en refusant de se rendre, d'autres qu'ils l'avaient vu se repliant blessé vers le bois, et d'autres qu'il était tombé dans le bois même, blessé, mais faisant encore face à l'ennemi. Il leur semblait toujours, disaient-ils, l'apercevoir, dans la demi-lueur de la nuit, agitant ses grands bras pour essayer de les rallier, puis se retournant pour tirer, quand ils avaient tout à coup cessé de l'entendre, et ne l'avaient plus aperçu.

Un jour, peu après cette disparition, des permissionnaires débarquaient à la gare de Périgueux, en rencontraient un autre qui repartait pour le front, et les premiers demandaient au second :

— Dis donc, tu te rappelles bien Portas, le curé ?

— Oui, le sous-lieutenant... Eh bien ?

— Il est mort...

A cette nouvelle, le permissionnaire pâlissait, regardait un instant ses camarades sans pouvoir leur dire un mot, et fondait tout à coup en larmes.

XI

LE COMMANDANT TOUCHON

Une revue de sport et de tourisme, *la Montagne*, publiait, en avril 1913, deux noëls formant diptyque.

L'un se passe au milieu des neiges, dans un poste de Chasseurs Alpins. Encore tout fourbus de leurs courses à skis à travers cols et ravins, mais tout ragaillardis par les belles lumières de la chambre et le joli pin enrubanné où pendent les paquets de tabac, les petits couteaux et les miroirs d'un sou, ils font alterner, dans leurs chœurs, les vieux refrains de leurs pays, les chansons de l'Auvergne et du Dauphiné, avec la *Sidi-Brahim*, le « Chant sacré des Chasseurs ». La fatigue et le sommeil ne tardent pas cependant à fermer leurs yeux, les cimes des montagnes se dressent au dehors sous la clarté nocturne, les glaciers brillent sur les pics, et le conteur, à la fin de ce premier noël, conclut en terminant : « C'est un blanc noël de neige, c'est un noël d'Alpins ! » L'autre se déroule en Afrique. En route depuis le matin, pour se porter au secours d'un détachement bloqué dans la montagne, le bataillon, qui a combattu tout le jour, et semé de ses morts les chemins bordés de cactus et les bois d'arganiers, s'endort le soir sous les astres. Alors, au souvenir de la grande fête chrétienne, plus d'un, avant de s'assoupir cherche des yeux l'étoile des Bergers et des Mages dans la splendeur du fourmillement céleste, et le tableau s'achève sur ces mots : « C'est un rouge noël de sang, c'est un noël d'Alpins ! »

Ces deux récits étaient signés du lieutenant Robert Touchon, et leur joli accent de bataille annonçait déjà le brave soldat pour qui la Guerre allait ouvrir une si brillante série d'exploits. Bien avant cette époque, dans ces Alpes témoins des « blancs noëls de neige », il avait sauvé des touristes Allemands tombés dans un précipice, et le Kaiser, à cette occasion, lui avait même fait envoyer l'Aigle Rouge. Puis, son corps passait au Maroc, au pays des « noëls de sang », et la grande tourmente le retrouvait sur la frontière d'Alsace, à la tête de ses Chasseurs, capitaine de la 6e compagnie du 30e bataillon.

Grand, solide, avec une physionomie de franchise, de gaîté et d'énergie, rompu au cheval, au ski, à l'épée, à la marche, à tous les exercices physiques, aimant le troupier, aimé de lui, et sorti de Saint-Cyr, le capitaine Touchon en avait conservé les habitudes d'élégance, et faisait volontiers la guerre en gants blancs. Neveu du général Deckherr, qui avait longtemps commandé à Belfort, et comme lui de religion protestante, il avait reçu des traditions militaires, et n'avait pas seulement la passion de son métier, mais savait aussi en ressentir la poésie. Autant que de ses batailles ses lettres à sa famille parlent du pittoresque de la route, de la beauté des sites, et des fleurettes des montagnes cueillies dans le repos des haltes.

Chargé, au début de la campagne, de garder un défilé des Vosges, il commençait déjà, sans perdre un homme, par enlever un convoi allemand avec son escorte. « Momentanément en couverture à un col-frontière, écrit-il aux siens, et prêt à résister jusqu'à la mort, la 6e a réussi un coup de main sur le convoi d'une division bavaroise, qui m'a valu 145 prisonniers et 52 chevaux, sans compter les cigares et le cognac du général. » Il tient ainsi tout un mois, livre combats sur combats, fait des prises, et mérite cette citation à l'Ordre du Régiment : « En toutes circonstances, et à tous les points de vue, le lieutenant-colonel a constaté que la compagnie Touchon, du 30e bataillon Alpins, était une véritable troupe modèle. Il décide, en conséquence, ce qui suit : la compagnie Touchon sera désormais désignée dans les ordres sous le titre de compagnie d'élite du groupe de Chasseurs Alpins de la 64e division. Son capitaine sera nommé premier chasseur du groupe. »

L'ordre du jour était du 28 septembre et, à moins d'une quinzaine de là, Touchon pouvait de nouveau annoncer à sa famille : « J'ai encore eu, cette nuit, un heureux coup de main. J'ai mis du monde, et l'ai gardé malgré de violentes attaques sur un col de nos Vosges. Et encore, pour couronner cette heureuse affaire, le général Putz est arrivé pour me remettre la croix, au bruit du canon, sur notre champ de bataille, devant ma belle compagnie, aux accents de la *Marseillaise* et de notre *Sidi-Brahim !...* J'ai encore peu mérité cette étoile si chère, mais la mériterai mieux chaque jour, avec l'aide du Dieu vivant !... J'ai passé une nuit d'angoisse, tapi avec mes Chasseurs à dix mètres de l'ennemi... Ce matin, je tenais leurs tranchées, et les retournais... Ma belle compagnie, toujours à la peine, est si heureuse de ma Croix ! Je l'ai vu sur la figure de mes hommes... Nous les aurons, messieurs les Allemands !... »

Il les aura, mais à quel prix ! Les bombardements et les attaques ne cessent plus, et il écrit, à un moment d'accalmie : « Un jour de repos, après les treize que vient de passer ma pauvre compagnie dans un enfer de mitraille et de neige. Nous avons attaqué le 2 décembre. La belle charge ! J'ai reçu une balle dans la cuisse droite, et j'ai été paralysé quelques heures, puis cela s'est remis... Nous avons gardé notre conquête, mais j'ai laissé là quelque quatre-vingts chasseurs, et suis venu ici reformer ma compagnie... Naturellement, félicitations sur félicitations, nouvelle citation à l'Armée, dîner chez les généraux, etc.... J'aime autant cela qu'autre chose, mais ne fais pas la guerre pour cela... Oh ! non... » A côté du guerrier, l'ami de la nature et des beaux horizons est d'ailleurs toujours là, et il ajoute : « De ce piton d'Alsace, je voyais la Jungfrau, la Forêt Noire, le Rhin, la nuit les projecteurs de Fribourg et de Colmar... » Puis, le soldat poursuit : « Nous avons reçu sur la tête tous les calibres, de 210 à 77, et nous sommes restés ! Mes pauvres hommes dont j'ai ramené les morceaux ! Que la volonté de Dieu soit faite, mais qu'il nous donne la victoire, nous la méritons ! » Et la compagnie Touchon continue à multiplier les hauts faits. On n'entend parler que de ses coups de main dans les parages du Linge et de la Tête-de-Faux. Rien n'entame sa résistance et rien n'arrête sa furie. Pas une troupe ne la vaut pour le coup de feu, la grenade à la main ou la charge à la baïonnette, et son capitaine écrit aux siens avec triomphe, douleur et indignation : « A minuit juste, la nuit de Noël, le 14° bataillon Mecklenbourgeois de Chasseurs à pied, quatre compagnies et deux Bavaroises, ont attaqué ma pauvre compagnie. L'ennemi a comblé nos tranchées de cadavres sur un front de dix mètres, et s'est écoulé par le trou. Je l'ai repris sur ma deuxième ligne, lui ai tué quatre cents hommes et l'ai rejeté en déroute, laissant morts, blessés, prisonniers, officiers et soldats. Quelle nuit ! Et quel outrage à Dieu d'attaquer dans cette nuit sainte ! Paix sur la terre aux hommes de bonne volonté !... J'ai perdu cent vingt chasseurs, dont trente tués en ligne à côté de moi. Les braves gens ! Ce sont des héros !... Les prisonniers, aux genoux de mes hommes et leur demandant la vie, affirmaient que nous étions les premières troupes du monde, et je le crois maintenant... Voilà le troisième Noël, blanc et rouge !... Dieu m'a gardé, m'a donné la victoire et je l'en remercie à deux genoux !... »

Malgré toute sa tendresse pour ses hommes,

le capitaine Touchon devait cependant bientôt quitter sa compagnie, pour prendre le commandement du 54e bataillon, à la tête duquel il ne cessait toujours d'ajouter à sa gloire.

Un jour, aux environs du Linge, il fait prisonnière une compagnie allemande, et il lui semble y retrouver des physionomies connues.

— Mais je vous reconnais, s'écrie-t-il en s'adressant à l'officier.

— Et moi, lui répond l'Allemand, je vous reconnais bien aussi.

— Où nous sommes-nous donc déjà vus ?

— A la Tête-de-Faux, répond encore l'officier... Vous êtes le commandant Touchon !

— C'est vrai... Allons, vous allez me faire donner un de vos casques !

— Tenez, le voilà !

— Et le macaron avec ?

— Le voilà aussi !...

Dénommé Bataillon d'élite pour ses prodiges de valeur en Flandre et en Artois, le 54e, qui était venu les poursuivre dans les régions du Linge et du col du Bonhomme, devait y recevoir l'honneur suprême. La garde du drapeau lui était confiée, et le capitaine Touchon, en le lui présentant lui adressait cette allocution entraînante comme un hymne et belle comme un assaut :

Chasseurs du 54e !

J'ai l'insigne honneur de vous présenter votre DRAPEAU, *le* DRAPEAU *des Chasseurs.*

C'est un honneur immense pour le Bataillon de l'avoir aujourd'hui au milieu de lui.

Souvenez-vous, Chasseurs, des théories du Quartier-Bayard et d'Embrun : Trente bataillons de Chasseurs, un seul DRAPEAU, *un seul cœur !*

Ce cœur était si grand, le sang qui y affluait si généreux que, dès le début de la guerre, il a suffi à animer trente nouveaux bataillons. Nous sommes de ceux-là, et nous sommes en tous points dignes de nos aînés.

Sur la soie de votre DRAPEAU *vous voyez ces illustres noms tant entendus, ces noms qui étaient peints dans vos chambrées, ces noms dont vous avez tressé les lettres avec les fleurs des montagnes dans nos cantonnements alpins, ces noms qui sont gravés dans nos cœurs :*

ISLY, SIDI-BRAHIM, SÉBASTOPOL, SOLFÉRINO.

EXTRÊME-ORIENT, MADAGASCAR, MAROC.

Ils sont là, dans les plis de votre DRAPEAU, *les vieux Chasseurs du Maréchal Bugeaud, dont les carrés héroïques brisèrent l'élan des cavaliers marocains :* ISLY, SIDI-BRAHIM.

Ils sont là, ceux de Mac-Mahon, qui prirent Sébastopol et qui, à Solférino, firent, dans leur sang, contracter à l'Italie la dette sacrée qu'elle nous paie aujourd'hui : SÉBASTOPOL, SOLFÉRINO !

Ils sont là, enfin, ceux qui ont donné leur santé ou leur vie pour conquérir l'empire colonial de la France : EXTRÊME-ORIENT, MADAGASCAR, MAROC !

A la hampe de votre DRAPEAU, *vous voyez la Croix d'Honneur, c'est celle du sergent Garnier, du Chasseur Montellier, c'est celle de Solférino.*

Vous y voyez la Médaille Militaire ; celle-là, c'est la nôtre, celle de Saint-Blaise.

Tous ces vieux Chasseurs, tous les Chas-

seurs morts pour la France, vous montrent du doigt le mot « HONNEUR ».

C'est pour l'Honneur, pour l'Honneur de notre sombre uniforme, pour l'Honneur des Chasseurs qu'ils ont donné leur vie. Cet Honneur, ils nous en rendent dépositaires.

Le 54e Bataillon l'a bien compris et, de la Belgique au Bois-du-Linge, c'est sans marchander qu'il a versé son sang pour l'Honneur, l'Honneur des Chasseurs !

Sur votre DRAPEAU *brille un autre nom, celui de* « PATRIE ». *Il en est le symbole ; en le voyant, vous avez devant vous tout ce qui fait que vous êtes Français, votre manière de penser, votre manière de parler, vos vieux parents, votre femme et vos enfants, vos villages, vos champs et leurs récoltes, l'église où vous avez appris à prier, l'école où vous avez appris à lire : tout ce qui vaut la peine de vivre, tout ce qui vaut la peine de mourir !*

En vous envoyant notre DRAPEAU, *la France a voulu vous remercier de ce que vous aviez déjà fait pour elle et réconforter vos cœurs pour les sacrifices qu'elle vous demandera encore.*

Au jour prochain d'un nouvel effort, vous vous souviendrez Chasseurs, que vous avez vu votre Drapeau !

AU DRAPEAU !

C'était le 10 août 1915, et, le 18, le capitaine Robert Touchon, cité une fois à l'Ordre du Régiment, trois fois à celui de la Brigade, une fois à celui du Corps d'armée, cinq fois à l'Ordre de l'Armée, chevalier de la Légion d'Honneur et décoré de la Croix de Sainte-Anne de Russie, sans compter les autres croix et en attendant les autres citations, était titularisé commandant.

XII

GUYNEMER

On ne sait trop, devant ces magnifiques combattants en qui revivent les plus grands jours de France, si l'on est plus ému ou plus émerveillé, et ce n'est même plus seulement sur les vieux champs de bataille où leurs aïeux versaient déjà leur sang, mais jusque dans les chemins de l'air et du ciel, que d'autres sacrifient leur vie. Les pères traversaient les Alpes. Les descendants auront ouvert des routes d'où les montagnes ne se distinguent même plus des plaines !

Quelques années avant la guerre, il y avait, au Collège Stanislas, un élève singulier, grand, maigre, malingre, long comme un fil, avec une figure mobile et maladive aux grands yeux noirs pénétrants et vifs. Frileux à l'excès, et le collet de son manteau toujours relevé, perpétuellement enfoncé dans un éternel cache-nez, il apprenait avec une intelligence et une facilité prodigieuses tout ce qu'il voulait bien apprendre, mais refusait violemment d'étudier le reste. La version latine l'enchantait, mais l'Histoire lui faisait horreur. Causant peu, ombrageux, renfermé, il avait cependant des amis, et organisait avec eux d'implacables charivaris contre certains de ses surveillants. Des cris bizarres partaient tout à coup de différents coins de l'étude. Ou bien, toute une mousqueterie de boulettes de papier mâché fusillait inopinément le malheureux pion. Ou bien encore, le professeur de mathématiques essayait vainement, au milieu des fous rires, d'inscrire le problème sur le tableau noir enduit de savon. La direction du collège passait paternellememt sur ces incartades, car son auteur, à côté de ses gros défauts, avait de sérieuses qualités. D'une franchise rare malgré son air mystérieux, il n'aurait jamais laissé soupçonner un camarade à sa place, et son caractère bizarre cachait, au fond, un être sensible et bon, d'un moral élevé et d'une foi religieuse vraie et profonde. Sous ses frasques et sous ses quintes, cet étrange et fantasque enfant, trop grand, trop frêle et trop impulsif, avait une nature noble et une âme de croyant. Il s'appelait Georges Guynemer, et le jeune Georges n'avait jamais été en somme un bon élève quand, à son entrée en seconde, une transformation subite s'opérait en lui. Il s'assagissait et se pliait à la discipline avec une docilité dont la persévérance étonnait. Ses aptitudes et ses goûts le portaient aux mathématiques, et il excellait aussi dans les sports, malgré sa faiblesse physique. Patineur intrépide, et le plus adroit tireur de la maison, il avait en même temps la passion de la mécanique, et un certain incident, survenu alors au collège, devait lui laisser un souvenir ineffaçable, ainsi qu'à l'un de ses condisciples nommé Richard, entré plus tard comme lui dans l'aviation. Un avion survolait un jour l'établissement pendant une récréation, et passait à quelques mètres seulement au-dessus de leurs têtes, avec le grand bruit claquant de son vol, ses grandes ailes de toile et de cordes, et ses roulettes qui pendaient comme de grandes pattes. La vision leur en était toujours restée, et lui et Richard, ensuite, n'avaient plus parlé que d'aéroplanes, rêvant d'ascensions, construisant de petits appareils en papier, et allant, les jours de congé, les essayer à la campagne[1].

Né une veille de Noël, le 24 décembre 1894, Guynemer avait dix-neuf ans et demi à la déclaration de guerre et, fougueusement patriote et nationaliste, remuait aussitôt ciel et terre pour s'engager, mais se voyait impitoyablement réformé, comme trop grand pour son poids, par tous les conseils de révision. Il avait déjà dû renoncer précédemment, pour cause de santé, à l'École Polytechnique, et s'était alors rejeté sur l'aviation. Ses parents n'avaient rien omis pour l'en détourner, mais il n'avait rien écouté et, résolument, dès la première heure de la mobilisation, avait arrêté son plan : partir, et servir comme aviateur. Il essayait donc d'abord de s'engager, en vue de passer dans les services aériens, puis se décidait ensuite, après avoir échoué, à com-

1. *La Guerre aérienne* du 18 octobre 1917. *Guynemer enfant*, par le sous-lieutenant Richard.

mencer par son apprentissage aérien, pour passer plus tard dans les services militaires, finissait par arracher à son père l'autorisation d'entrer à l'École de Pau, et c'est là que nous le retrouvons, à la fin de 1914, déjà fier de ce premier résultat, mais comptant bien en obtenir d'autres, travaillant d'arrache-pied, et ne songeant qu'à voler au feu.

— Que voulez-vous être ? lui avait demandé le capitaine commandant l'École.

— Pilote, mon capitaine, lui avait répondu Guynemer avec décision.

Le capitaine regardait ce grand garçon maladif et cinq ou six fois réformé, réfléchissait un instant, consentait à l'engager comme mécanicien, et ajoutait :

— Nous allons commencer par là... Nous verrons ensuite...

Guynemer se soumettait sans observations, on le plaçait à la réparation des moteurs, et il y montrait tout de suite un zèle et une intelligence remarquables. Adroit, toujours à l'ouvrage, il travaillait « vite et bien », et avec son cœur à la besogne, sa manière débrouillarde et sa figure de « gosse », selon l'expression du chantier, ne déplaisait pas à ses camarades qui l'appelaient entre eux « Fil-de-Fer ».

Particulièrement bien noté, il était vite classé comme mécanicien de piste, mais son but n'était pas là, il ne perdait pas son plan de vue et, de plus en plus impatient de prendre son vol, n'y tenant plus, il faisait une demande d'élève-pilote. Par un bonheur assez exceptionnel, elle était bien accueillie et, là encore, il se classait promptement parmi les plus habiles. En place sur son avion dès que revenait son tour, il en avait tout de suite saisi le maniement avec une dextérité surprenante, et parvenait bientôt à une véritable maîtrise. Décollant, montant, virant, piquant, faisant des « vrilles », le *gosse* émerveillait tout le monde, et un commencement de légende d'enfant-prodige ne tardait pas à se faire autour de lui. En deux mois, il devenait l'honneur de l'École, se voyait déjà touchant le but, et ne se doutait pas de l'épreuve qui l'en séparait encore [1].

Dans les premiers jours de l'été de 1915, la

1. *La Guerre aérienne* du 18 octobre 1917. *Les premières ailes*, par le lieutenant X...

célèbre escadrille de guerre, qui devait être celle des Cigognes, attendait deux nouveaux pilotes, et l'un d'eux était le jeune Guynemer.

— Je suis obligé de m'absenter pour aller au Bourget, avait dit le chef, le commandant Brocard, à Védrines chargé de le suppléer et qui a raconté lui-même l'incident... Je ne pourrai donc pas être là pour recevoir nos nouveaux venus, mais vous les recevrez à ma place, et vous verrez le « *gosse* qui fait des vrilles » !

En effet, les nouveaux venus arrivaient, Védrines les recevait, et le *gosse* ne lui faisait pas d'abord bonne impression. Par un enfantillage, qui n'était peut-être pas sans avoir son joli côté, mais qui pouvait aussi donner le change, l'Enfant-prodige, au comble de ses vœux, avait tenu à se faire beau pour entrer dans son rôle, se présentait un peu trop élégamment vêtu, et cette élégance impressionnait fâcheusement l'homme du métier mûri dans la carrière, où son expérience lui avait appris à se méfier des aviateurs d'opérette.

Le commandant de l'escadrille de retour, Guynemer opérait son premier vol devant lui, mais dans un état de si profonde émotion qu'il démolissait complètement l'appareil à l'atterrissage. Il n'en restait plus rien, l'avion était en miettes. Quelques jours après, nouveau vol, mais nouvel état de surexcitation nerveuse du jeune pilote, et nouvelle catastrophe à l'atterrissage. L'avion était encore en morceaux. L'Enfant-prodige n'avait pas de chance, et sa mésaventure devenait piquante. C'était un rire général, et le commandant Brocard déclarait ne plus vouloir entendre parler du *gosse*.

Le pauvre Guynemer sortait très pâle du bureau, mais ne perdait pourtant pas la tête, passait sans les entendre au milieu des moqueries, courait trouver Védrines, et lui disait avec un ton de douleur mâle et vraie dont il était impossible de ne pas être touché :

— Vous ne me connaissez pas, mais si vous saviez comme je voudrais bien faire !

Védrines remarquait alors l'air à la fois désolé et résolu du malheureux garçon, se sentait ému, lui promettait de demander au chef de ne pas le renvoyer encore, et retournait dire au commandant :

— Mon commandant, ce garçon ne doit pas tout de même être sans valeur, et peut être un bon pilote d'école sans être encore un bon pilote de guerre, mais demande à être formé...

— Eh bien ! lui répondait le commandant très irrité, formez-le... Mais je ne lui donne que quinze jours... Si, dans quinze jours d'ici, il n'est pas devenu un bon pilote, je n'écoute plus rien, et je le mets à la porte !

En revoyant Védrines, Guynemer respirait, lui promettait de lui obéir en tout de la façon la plus aveugle, et commençait avec lui son apprentissage de guerre. D'abord, pendant huit jours, il opérait sous sa conduite une série de vols préparatoires où son mentor l'obligeait à toujours se maintenir bas malgré son impatience de s'élever. Tout élan pour monter était immédiatement et rigoureusement réprimé, et l'élève ne s'expliquait pas tout de suite la leçon, mais finissait par la comprendre. Elle tendait à l'exercer à ne plus suivre ses impulsions, à maîtriser ses nerfs et à se discipliner soi-même.

— Je vois, lui disait-il, vous avez voulu me mater.

— Tu y es, répondait Védrines, c'est ça, tu m'as compris...

Ensuite, la première semaine écoulée, il le laissait voler plus librement, en lui évitant seulement encore certains écarts et en lui donnant certains conseils, toujours religieusement suivis. Enfin, le quatorzième jour, il lui permettait, sur sa demande, de partir seul en croisière.

— Oui, consentait Védrines, va... Tu peux partir si tu veux...

Guynemer partait, et, le soir même, avait abattu son premier « Boche ». On voyait de loin l'oiseau tournoyer dans les flammes pendant que le vainqueur regagnait nos lignes.

Au coup de téléphone annonçant la victoire, Védrines se demandait d'abord avec effroi s'il n'allait pas encore trouver l'appareil démoli, sautait dans son auto, et accourait tout anxieux sur le lieu du triomphe. Mais il n'y avait aucun dégât, et le pilote, entouré d'acclamations, était même en train de recevoir les félicitations d'un colonel, à qui il venait de répondre :

— Mon colonel, le vainqueur, ce n'est pas moi !

— Alors, avait repris le colonel en s'adressant au mécanicien, c'est vous ?

— Ce n'est pas lui non plus, disait Guynemer.

— Alors, qui donc ?

— Celui qui m'a montré ce qu'était l'aviation de guerre, et qui m'a enseigné à être maître de moi !

Védrines embrassait le *gosse* en apprenant sa réponse, et le voyait seulement si heureux, si bouleversé de bonheur, qu'il lui conseillait de ne pas revenir au camp par le chemin des airs.

— Si, lui répondait Guynemer, je veux revenir par là, mais avec vous, et vous allez me prendre comme passager !

Et il dansait de joie dans l'avion pendant toute la traversée[1]...

Ce premier exploit de l'Enfant-prodige avait été accompli le 19 juillet 1915, et la longue série des autres ne devait plus s'interrompre pendant deux ans. Faible, et miné par une maladie de foie dont les souffrances se reflétaient par instants dans l'altération de sa

1. *La Guerre aérienne* du 18 octobre 1917. *Ses débuts*, par Jules Védrines.

figure, mais suppléant à son peu de force par une énergie morale sans pareille, soutenu par une ténacité indomptable et un ardent amour pour son pays, il ne semblait même pas connaître la fatigue là où les plus robustes n'y résistaient pas. D'autres se reposaient au retour de leurs combats. Guynemer, jamais! Rentré le soir d'une croisière entreprise depuis le matin, on le retrouvait avant le jour en train de remettre son appareil au point, pour repartir à l'aube. Merveilleux dans le vol comme dans le tir, il en était réellement arrivé à l'agilité puissante de l'aigle. Son appareil, entre ses mains, son *Vieux Charles* marqué de la fameuse Cigogne rouge, était une véritable mitrailleuse volante, et il ne visait pas seulement à toucher l'ennemi, mais à le foudroyer. Il l'observait patiemment, en calculateur minutieux, puis, au moment précis, fondait sur lui, l'étourdissait, et le démolissait en quelques décharges. Il appelait cela le « coup du photographe ». S'élevant ou redescendant comme l'éclair, s'éclipsant, reparaissant, glissant d'un élan brusque juste au-dessous de l'appareil à culbuter, ou rebondissant au-dessus de lui, se collant à lui, l'accrochant, le côtoyant et le narguant lorsqu'il le savait sans munitions, s'esquivant comme une ombre quand il en manquait lui-même ou que sa mitrailleuse s'enrayait, il était chez lui dans l'espace. A la bataille de la Somme, il abattait trois avions dans la même journée, recommençait à Ablaincourt et à Péronne, en descendait encore trois dans le même vol un autre jour, et partout, en Lorraine, en Champagne, à Verdun, à Nancy, ne cessait d'en brûler ou d'en démolir. Un matin, près du fort de Brimont, il part en croisière à cinq heures, abat un premier « Boche » à cinq heures quarante-cinq, redescend, repart, en abat un second à six heures. A Craonne, il en avait déjà abattu deux dans sa matinée, lorsqu'on lui parlait d'un triplan qui revenait régulièrement, à midi, opérer une tournée dans les environs. « C'est bien, dit-il, je le descendrai ! » Et il s'envole un peu avant l'heure, s'élève, et disparaît. Une demi-heure après, un bruit de moteur dans les airs. C'est le triplan. Il arrive, mais sa promenade n'est pas longue. Au-dessus de lui, tout à coup, point le *Vieux Charles*, et tous, aussitôt, poussent un cri : « C'est Guynemer ! » Et le *Vieux Charles*, en effet, fond sur le triplan, lui casse une aile, une autre, le démolit en sept cartouches. Les Allemands, après Verdun, avaient peuplé l'espace de flottilles d'avions légers désignés sous le nom d'albatros, et chargés de guetter, pour l'abattre, le chasseur Français isolé. L'albatros en chef le survolait de haut, lui coupant la retraite par le ciel pendant que la nuée des autres l'encerclait dans leur nombre, et nos chasseurs, ainsi traqués, avaient dû renoncer à leur chasse. Mais Guynemer n'avait pas cessé la sienne, et les albatros avaient beau l'assaillir, se multiplier, fourmiller, l'envelopper de leur ronde, il se jouait d'eux, se moquait de leur danse diabolique, les dépistait, passait entre leurs balles, et ne les quittait jamais sans en avoir descendu un ou deux. En surveillance à plus de trois mille mètres, et survolant de là-haut, lors d'une de ses croisières, l'albatros qui survolait lui-même un de nos avions, il abattait le « Boche » d'un seul coup, et toute l'escadrille, épouvantée, se croyant tombée dans un piège, prenait la fuite. Quelles ovations accueillaient, dans nos camps, les retours triomphants du héros ! « C'est Guynemer ! C'est le *Vieux Charles* ! » Combien de fois, et sur combien de fronts, ce cri d'admiration n'est-il pas parti des poitrines françaises, à la vue de la glorieuse Cigogne redescendant des hauteurs, pendant que, dans le voisinage, un Drachen ou un Focker s'écrasait en tournoyant dans les flammes[1] !

On voyait entrer, certains jours, dans la sacristie de Saint-Pierre de Chaillot, un très jeune officier, grand, élégant et frêle. Il venait se confesser, était toujours très pressé, priait qu'on ne le fît pas attendre, et glissait, en s'en allant, une aumône dans la main du prêtre.

— Mais, disait le prêtre surpris, c'est que je ne peux pas accepter...

— Mais si, mais si, insistait l'officier... Prenez, c'est pour vos blessés... Vous leur demanderez une petite prière pour moi.

Sans venir souvent, il reparaissait cepen-

1. *La Guerre aérienne* du 18 octobre 1917. *La vie et la mort de Guynemer.*

dant à des intervalles assez réguliers pour qu'on eût fini par le remarquer, et quelqu'un, un jour, en le regardant bien, s'écriait tout bas :

— Mais c'est Guynemer !

C'était bien lui, et, par la suite, lorsqu'ils le voyaient revenir, après des exploits toujours plus éclatants, le curé et ses vicaires tenaient à le féliciter. Mais il se dérobait aux compliments, disait qu'il n'avait rien fait d'extraordinaire, parlait d'autre chose, remettait son aumône, et s'en allait.

Quelquefois, il causait cependant un peu, s'attardait un instant, et comptait quelque anecdote.

Une fois, il laissait une aumône de deux cents francs, et répétait encore, devant les gestes de refus :

— Mais si, prenez, prenez... C'est pour vos blessés... Vous leur demanderez de prier pour moi !

Un jour, en bon ancien élève de Stanislas qui avait montré du goût pour le latin s'il n'en avait pas pour d'autres études, il répondait en souriant, d'un ton à la fois détaché et mélancolique, aux prêtres qui admiraient le nombre des ennemis abattus par lui, mais le suppliaient de ne pas trop follement braver la mort :

— *Hodie mihi, cras tibi*[1] !

C'était à la fin d'août 1917, et il ne devait plus reparaître... Le mois suivant, il tombait dans les Flandres, dans une de ces rencontres avec les albatros où des prodiges de souplesse lui avaient seuls, jusque-là, permis de ne pas succomber. Il était capitaine, avait vingt-deux ans et demi, et tant remporté de victoires que la liste officielle, faute de pouvoir en être exactement dressée, avait dû n'en mentionner que cinquante-trois, dont les noms couvriront un jour le piédestal de son monument...

Que de beauté dans ces exploits de l'air, et de quelle légende s'auréolera, dans l'avenir, tant que les âmes elles-mêmes auront des ailes, le héros dans la vie duquel ils ne se seront plus comptés, l'enfant de France qui en aura été le Roi !

1. *C'est Guynemer*, par Pierre l'Ermite. Librairie de la Bonne Presse.

Lt-colonel du Paty de Clam.

Augustin Cochin.

Capitaine de Maistre.

Mlle Ferdinande de Foras.

XIII

FAMILLES DE FRANCE

J'ai entendu raconter à un religieux :

— Il arrive fréquemment que, dans mon ministère, une pauvre enfant me dise à la fin de l'entretien : « Mon père, priez pour mes frères... J'en ai quatre, j'en ai cinq, j'en ai six à la guerre ». Un jour, l'une m'a même dit : « J'en ai sept ! »

De ces frères, pour qui tremblaient ainsi leurs sœurs, combien ne seront pas revenus ? Combien seront morts loin de tout secours, martyrs innombrables et ignorés, en murmurant seulement, à leur dernier soupir, le nom de leur mère et celui de leur pays ? Combien de maisons, pleines de joie et de jeunesse avant le cataclysme, et dans le vide et le silence desquelles ne sont plus que des femmes en noir, des vieillards et des enfants !

Vers le milieu de mai 1916, le député de Cholet, M. Jules Delahaye, visitait sa circonscription. On était aux journées les plus terribles de Verdun, et parmi les femmes et les veuves, venues pour lui exposer leurs besoins ou lui raconter leurs deuils, il voyait se présenter une vieille paysanne en coiffe, une femme Brémond, veuve d'un petit propriétaire de Saint-Christophe-du-Bois, qui lui disait avec une douleur profonde :

— Monsieur, nous avons eu, mon mari et moi, six enfants, quatre garçons et deux filles, et tous nos fils sont partis pour la guerre... Brémond et moi, monsieur, nous avons été élevés dans l'amour de la France, et nos fils ont été élevés comme nous. Ils ont été fiers de partir, comme nous en avons été fiers pour eux. Dès le début, malheureusement, l'un d'eux, notre cadet, est tombé à la bataille de la Marne, et j'en ai éprouvé tant de chagrin que mon mari me l'a reproché. Il me disait : « Ne sois pas aussi triste. . C'est un honneur pour notre enfant d'être mort comme il est mort... » Et puis, peu de temps après, nous en avons eu un second tué, et mon mari m'a dit encore : « Ne pleure pas tant, il faut montrer du courage ! » Ensuite, seulement, nous en avons eu un troisième si gravement blessé qu'il a été comme perdu... C'était trop, et mon mari, alors, en est tombé tout d'un coup. Il restait des journées devant la cheminée, sans rien dire, à regarder les cendres. Un jour, il s'est couché, et il est mort sans maladie... Ainsi, monsieur, j'ai déjà perdu deux enfants, même trois, j'ai perdu aussi mon mari, et il ne me reste plus qu'un fils, mon aîné, qui est sergent et se bat à Verdun. Eh bien ! monsieur, j'ai lu dans un journal que lorsque des parents avaient eu deux fils tués à l'ennemi et qu'ils en avaient encore un au feu, ils pouvaient demander que celui-là soit mis un peu à l'arrière, et je suis venue pour vous prier de me dire comment il faut faire ma demande... De ces hommes-là, voyez-vous, il faut tâcher d'en conserver la race !...

M. Delahaye rédigeait la demande de la mère, et les larmes, lorsqu'il la lui lisait, coulaient sur la figure immobile et ridée de la veuve... Puis, elle gardait le silence, comme si quelque chose l'avait tout à coup gênée, et disait, en effet, après avoir hésité :

— Mon Dieu, monsieur, je réfléchis que mon fils ne connaît pas ma démarche... Il serait peut-être mécontent, s'il lisait la lettre comme elle est là... Et, cependant, je voudrais qu'il vive. Alors, monsieur, pourriez-vous mettre que je demande bien toujours de le retirer de Verdun, mais seulement lorsque la bataille sera finie !...

Dans nos villes et nos villages, combien d'humbles familles auront ainsi donné jusqu'à la dernière goutte de leur sang. Elles sont légion, elles ont sauvé la France, et l'historien ne saura jamais leurs noms... Mais il en est aussi d'illustres ou de connues, et qui peuvent dire comme les obscures : « J'ai donné cinq, six, huit, dix de mes enfants à la Patrie ! » Celles-là non plus ne sont pas rares, et la première à citer sera celle des Castelnau, du vainqueur de Lorraine et de ses cinq fils. Trois sont tombés au champ d'honneur, et les autres servent toujours... Ce seront aussi les frères Cochin, Jacques, Augustin et Jean. Marié, père de deux enfants, et mobilisé comme officier d'état-major, Jacques n'a de repos qu'après avoir obtenu le commandement d'une compagnie d'infanterie, et tombe à l'assaut du Xon, frappé d'une balle dans la tempe. On le retrouve au sommet de la colline, le bras encore tendu dans le geste de la charge, avec sa canne et ses gants dans la main ! Homme d'étude et d'érudition, auteur de travaux historiques libérateurs, Augustin est tué à Verdun. Sous-lieutenant, lieutenant, puis capitaine, six fois blessé mais se refusant toujours au repos ordonné par les médecins, il tombe en menant ses hommes à l'attaque, avec son bras cassé dans un appareil en plâtre ! Jean commande le *Papin* et fait sauter les torpilleurs autrichiens, coule leurs mines flottantes, et se jette lui-même à la nage pour aller couper leurs crins ! Ce seront encore les cinq du Paty de Clam, et leurs cousins, les sept Daras. Retraité, et voyant sa demande de réintégration traîner en d'interminables longueurs, le lieutenant-colonel du Paty de Clam s'engage, à soixante ans, comme simple chasseur à pied, et rejoint son bataillon à la frontière lorraine, où il accepte toutes les fatigues des hommes de troupe, quand le général le retire enfin du rang pour lui confier des missions. Trois mille fuyards refluent, épouvantés, sur Étain, et il faudrait arrêter leur fuite, leur rendre le moral, tâcher de refaire un corps de tous ces éléments débandés. Du Paty de Clam s'en charge, part avec cent gendarmes, et c'est fait en quelques heures, par la seule magie de l'ascendant, du sourire et de l'autorité ! Les hommes l'écoutent, se reforment, et l'acclament. Puis, il faudrait aussi conduire des renforts à une destination difficile, leur faire franchir l'Argonne à travers des combats et des embuscades, et du Paty de Clam s'acquitte encore de la tâche. Alors, on lui rend un régiment et, le 30 octobre, le 117e enlève sous sa conduite le Quesnoy-en-Santerre à la baïonnette. Il n'a ni clairon, ni tambour, mais ne s'embarrasse pas pour si peu et, ne pouvant faire battre ou sonner la charge, il la chante. Une mauvaise couverture sur les épaules pour garantir du froid une blessure récente, il entonne, de tous ses poumons : *Y a d'la goutte à boire là-haut, y a d'la goutte à boire !*

Les soldats reconnaissent sa voix, il les entraîne et, leur montrant le village avec un fusil allemand ramassé par terre, il chante toujours, à gorge déployée : *Y a d'la goutte à boire là-haut, y a d'la goutte à boire !* On le suit de plus en plus, l'élan gagne, la troupe reprend le refrain, on marche, on court, on charge, et la place, le soir, est à nous. Objet de l'une des plus belles citations parues à l'Ordre de l'Armée, promu officier de la Légion d'honneur, blessé, âgé, mal guéri, il succombera aux suites de ses blessures, et mourra de son héroïsme, mais l'héritage en sera recueilli par ses fils, qui semblent, tous les quatre, le recevoir chacun tout entier ! Trois fois cité à l'Ordre de l'Armée, trois fois blessé, chevalier de la Légion d'honneur, Jacques du Paty de Clam, capitaine de chasseurs à pied, est amputé d'une jambe. François du Paty de Clam, capitaine de hussards, est cité à l'Ordre de son Régiment pour vingt mois de bravoure et de « merveilleux allant ». Blessé, et cité à l'Ordre de la Brigade, Charles du Paty de Clam sauve son bataillon en se couchant sur une caisse de grenades, pour y faire matelas de son corps et l'empêcher de prendre feu. Commandant de l'*Archimède*, Michel du Paty de Clam est enlevé par une lame en torpillant un transport autrichien, et sombre dans sa victoire... Et voici l'admirable liste des Daras... Georges est prisonnier, et Maurice trois fois blessé. Un troisième, l'aîné, Henri, est amputé d'une jambe et chevalier de la Légion d'honneur. Un quatrième, Charles Daras : la mâchoire fracassée et chevalier de la Légion d'honneur. Un cinquième, Louis Daras : tué à l'ennemi. Un sixième, Pierre Daras : dix-huit ans et tué à l'ennemi. Et le septième, Michel Daras : englouti dans un torpillage en veillant au salut de sa troupe. Il meurt, mais il a sauvé ses hommes !

Nobles familles, et qui devaient l'exemple, mais qui le donnent magnifiquement, et que va cependant dépasser encore celle des de Maistre !

Au général baron de Maistre, arrière-petit-fils d'un maréchal de camp d'Henri IV et chef des barons de Maistre, ou des de Maistre de France, il est resté trois fils de ses nombreux enfants, Armand, capitaine de cavalerie, Emmanuel, capitaine d'artillerie, André, sous-lieutenant de réserve, et la mort du troisième a la beauté de l'épopée. En avant de sa section, il l'exhorte au combat, quand une balle le frappe à la hanche. Sans fléchir, il poursuit son exhortation, tombe foudroyé par une seconde balle, et ses camarades, la bataille terminée, annoncent sa fin en ces termes :

— Ses dernières paroles ont été : « Je vais me porter en avant »... Son dernier geste a montré le ciel, où il est, et l'ennemi !

Le baron Yvan de Maistre, frère du général, a eu quatorze enfants, parmi lesquels quatre fils, Bernard, Jacques, Joseph et Pierre, et trois d'entre eux accomplissent exploits sur exploits. Parti pour prendre Juvrecourt, le lieutenant Bernard de Maistre reçoit une première balle en traversant une zone battue par un feu terrible, n'en tient pas compte, porte le sac d'un de ses hommes plus grièvement blessé que lui, continue à entraîner sa troupe, entre dans le village à la baïonnette, y reçoit une seconde balle, refuse toujours de la prendre au sérieux, est nommé capitaine, et tombe, un an plus tard, en Lorraine, en ralliant sa compagnie, à la tête de laquelle il se bat jusqu'à sa dernière cartouche. « Il est mort face à l'ennemi, écrit un des officiers de son régiment, en héros, en Français, et le fusil à la main! » Le capitaine Joseph de Maistre, quatre fois cité pour son « cran superbe », et resté légendaire à la fois comme dragon et comme fantassin, accumule, à Verdun, témérités sur témérités. N'ayant plus avec lui, au bois Camard, qu'une poignée d'hommes contre tout un gros d'Allemands, il se rue sur eux malgré leur nombre et, le revolver au poing, un gourdin dans l'autre main, les tue, les assomme et les met en déroute. Puis, après Verdun, c'est Sailly-Saillisel, où il crie à ses soldats : « En avant, c'est pour la France! » et tombe criblé de mitraille, à quelques pas de la tranchée ennemie. Héroïque aussi, le lieutenant Pierre de Maistre! chevalier de la Légion d'honneur, cité comme ses aînés à l'Ordre de l'Armée, et gravement blessé dans une attaque! Héroïque, le jeune brigadier Baubiet, de Maistre par sa mère, neveu des trois précédents, et tué à dix-huit ans sur ses pièces! Héroïque enfin, le vieux colonel Henry de Maistre, blessé à Gravelotte quarante-quatre ans auparavant, retraité comme son frère le général, mais ayant réussi à reprendre du service, et y succombant d'épuisement, pendant que son fils, le lieutenant Louis de Maistre, se distingue brillamment dans les batailles de Champagne !

Et, cet élan à servir, les hommes ne sont pas seuls à le suivre dans la famille. Comme leur frère le baron Jacques, qu'une infirmité empêche de porter les armes, Mlles Geneviève et Jeanne de Maistre se dévouent avec lui au soin des blessés sous les bombes, dans leur ambulance de Vauxbuin, et ne cessent d'y affronter tous les dangers du front, ainsi qu'en témoigne, avec la citation à l'Ordre de l'Armée, la croix de guerre avec palme attachée à leur corsage d'infirmières !

Maintenant, voici les comtes de Maistre, ou les de Maistre de Savoie. Descendants ou neveux du grand Joseph de Maistre, ils vont être plus prodigues encore des leurs que les premiers, et les soldats de carrière, les martyrs du devoir, les blessés, les morts, vont même sembler, chez eux, ne plus pouvoir se compter !

Au plus fort de la persécution antimilitariste, le comte Rodolphe de Maistre a donné sa démission de capitaine de cavalerie, et vit, depuis dix ans, retiré en Normandie, dans son château de Beaumesnil, lorsque la guerre éclate. Il demande aussitôt sa réintégration, l'obtient, est nommé commandant, chevalier de la Légion d'honneur, cité à l'Ordre du Régiment, et ses deux fils aînés, Joseph et Henri de Maistre, se distinguent en même temps chacun dans son arme. Sous-officier de dragons, Joseph fait toute la campagne de Belgique, perd son cheval dans une fondrière à l'affaire de Saint-Vincent-Rossignol, n'échappe aux Allemands qu'en traversant la rivière à la nage, se cache dans les bois, rallie en route des hommes partis pour se rendre, et les ramène avec lui dans nos lignes. Henri, mobilisé comme sergent, est gravement blessé dès le début de la campagne, guérit, repart, est nommé sous-lieutenant, et blessé de nouveau à l'Hartmansweillerkopp, où il reste aux mains de l'ennemi avec les débris de son régiment. Il avait reçu sa première blessure dans une reconnaissance de nuit et, rampant alors au fond d'une tranchée, d'où il cherchait à voir dans la tranchée voisine, il y apercevait les Allemands, faisait un signe à ses hommes, leur recommandait le silence, et recevait une balle, mais ne bronchait pas, quand un de ses soldats en recevait une à son tour, et ne pouvait s'empêcher de gémir.

— Chut ! lui murmurait de Maistre, tu vas nous faire découvrir... Tais-toi, ça ne fait pas de mal... Je viens d'en recevoir une, je le sais bien !...

Oncle et grand-oncle du comte Rodolphe et de ses enfants, le comte Eugène de Maistre a eu, parmi les siens, Pierre, Xavier, Maurice et Béatrix, et, à cinquante-deux ans, le Père Pierre de Maistre, professeur à l'Université de Beyrouth, part comme aumônier militaire, pendant que ses deux frères, les commandants Xavier et Maurice de Maistre rentrent en activité. Affreusement brûlé par les jets de liquides enflammés, le commandant Maurice de Maistre est fait prisonnier, jeté dans un camp de représailles, en subit toutes les horreurs, et son fils, pendant ce temps-là, s'engage à dix-huit ans, comme le font également ses trois cousins germains, les fils de Béatrix, sœur de son père et de ses oncles, les jeunes de la Chevasnerie, dont l'un sera tué, un autre gravement blessé, et le troisième deux fois trépané.

Aucune lecture ne va au cœur comme ces lettres de héros pieusement recueillies par les leurs, ou ces récits de leur vie et de leur mort par un père, un frère ou un ami, où l'âme des disparus semble s'être enfermée pour y parler encore à ceux qui restent. Saintes et précieuses plaquettes de famille comme *La Mort du Chef* ou les *Lettres* de Jacques et d'Augustin Cochin, et l'une des plus émouvantes est celle qui porte à la fois pour titre et pour dédicace : *A mon cher petit-fils Henri de Maistre, tombé glorieusement pour la France à l'assaut de Souchez, le* 25 *septembre* 1915. *Père A. du Bourg.* Le vieillard, dont la main bénissante a tracé ces lignes si tendrement paternelles, est le vénérable Dom du Bourg, supérieur des Bénédictins de Paris, ancien officier retiré dans les Ordres, et grand-père des trois fils du comte Ignace de Maistre. Le premier, Joseph, est blessé, et le second, Henri, celui qui doit mourir, envie gaîment à son « grand », dans une vaillante et charmante lettre à leur mère, la gloire d'avoir reçu « le baiser de l'obus », mais l'aura bientôt reçu lui-même, et c'est alors que l'aïeul lui dédiera les quelques pages de larmes et de fierté, qu'il signe comme en tremblant : *Ton bon papa.* Le noble petit héros n'avait pas vingt ans, mais un vengeur se lève déjà pour lui dans son jeune frère François, qui n'en a pas dix-huit, et s'engage dans le régiment où vient de tomber son aîné !

Du Bourg, de Laubier, Dartige du Fournet, Plan de Sieyès de Veynes, tous ces noms, dans ce glorieux tableau familial, doivent encore se ranger autour de celui de Maistre. Deux fois blessé, à Bagatelle et à Verdun, Michel du Bourg, neveu de Dom du Bourg, et de Maistre par sa mère, quitte la cavalerie pour les chasseurs à pied, pendant que son frère Charles fait d'abord campagne au Maroc, où il est de tous les raids, pour s'engager ensuite dans l'aviation où il va se broyer une jambe dans une chute de deux mille mètres. Leur mère, pendant ce temps-là, Mme du Bourg, gagne elle-même la médaille d'infirmière sous les bombes à Bar-le-Duc, et leur cousin Gabriel entraîne ses dragons partout ! Neveux du Père Dominique de Maistre, les deux frères de Laubier et leur cousin Dartige du Fournet ont l'enthousiasme du péril. Six officiers se présentent à leur colonel comme volontaires pour l'aviation, et Léon de Laubier est des six. Ensuite, deux seulement d'entre eux, en voyant s'abattre un avion, et le pilote et l'observateur broyés sous leur appareil, maintiennent leur candidature, mais Léon de Laubier est des deux. Dieudonné, son cadet, s'engage à dix-sept ans, est nommé brigadier, maréchal des logis, cité à l'Ordre du Régiment, puis de la Division, et va chercher, sous la mitraille, les blessés qu'il ramène sur ses épaules. Quant au jeune Dartige, il est si pressé de courir au feu qu'il invente un nouveau genre de désertion, la désertion héroïque. Il trompe ses chefs, trompe son oncle le jésuite à l'autorité de qui il est confié, saute en fraude dans un train à destination du front, se jette enfin dans la bataille, est blessé au visage, à la main, à la poitrine, perd un doigt, a le corps et la figure zébrés de cicatrices, mais ne s'en porte pas plus mal, et ne tient toujours pas en place, dès qu'il n'est plus au danger !

Cinq fils au front, et qui semblent, tous les cinq, moins relever quelquefois de l'Histoire que de la Légende, c'est le bilan de famille du marquis de Sieyès de Veynes. Capitaine de réserve, grièvement blessé aux Éparges, et réduit par sa blessure à quitter l'infanterie, l'aîné, Jean de Sieyès, passe dans l'aviation, y multiplie les exploits, et disparaît dans un combat, en incendiant un Drachen. Il survit, mais tombe en Hanovre, où il est retenu prisonnier. Egalement capitaine, le second, Joseph de Sieyès, accourt de Chine où l'a surpris la guerre, passe de la réserve dans les Coloniaux, est blessé en Champagne, et rejoint sa compagnie sans avoir pris le temps de guérir. On lui propose de la quitter pour passer dans l'État-major, mais il refuse. Il s'est attaché à ses soldats comme ils se sont attachés à lui, ils l'aiment comme il les aime, et il tombera à Belloy-en-Santerre, victime de sa fidélité à ses hommes. Ayant reçu l'ordre d'occuper avec eux un emplacement trop terriblement périlleux, il a voulu l'occuper seul, afin d'exécuter l'ordre, mais les a mis, en même temps, à l'abri de l'extermination ! Le troisième est Jacques de Sieyès. Vingt-trois ans, capitaine et chevalier de la Légion d'honneur, il a livré combats sur combats, obtenu citations sur citations, reçu blessures sur blessures. Un bras cassé par un éclat d'obus, l'autre par une balle, une jambe broyée par une bombe, il lui reste cependant encore assez de lui-même pour pouvoir se faire aviateur, et il y laisse encore deux de ses doigts, mais ne vole qu'avec plus d'entrain, avec ses bras brisés, sa jambe coupée et sa main mutilée, aux Drachens et aux Fockers. Il se fait des ailes de ses infirmités ! Une nouvelle citation à l'Ordre de l'Armée témoigne alors, une fois de plus, de l'admiration qu'il excite, et de la main, ou de la demi-main qui lui reste, il écrit à sa mère, entre ses envolées, des lettres pleines de foi religieuse et de gaîté. Xavier est le quatrième. Médaillé militaire, blessé, deux fois cité pour ses coups de main, il a vingt ans, et le cinquième, Bernard, qui en a dix-sept, veut s'engager dans les Hussards, mais est réformé au corps, parvient à passer dans l'artillerie, doit aussi la quitter à la suite de ses blessures, se réfugie alors comme ses trois frères encore vivants dans la guerre aérienne, et sera mitrailleur là-haut. Ne pouvant plus, ni les uns, ni les autres, servir et se battre sur terre, ils s'en vont se battre et servir dans l'espace. Des ailes, des ailes, des ailes ! est comme le cri de la famille, et l'héroïque défilé n'est pas encore clos ! Arrière-petits-fils de Marie, d'Anne et de Jeanne de Maistre, les de Toytot, les de Buttet, les de Surigny, les de Foras, se trouvent aussi au rendez-vous du devoir et de l'immolation. Le capitaine Pierre de Toytot : mort au champ d'honneur ! Le capitaine Xavier de Buttet : blessé et prisonnier de guerre ! Le lieutenant Humbert de Buttet : blessé et prisonnier de guerre ! Le capitaine Louis de Buttet : mort au champ d'honneur ! Le capitaine Pierre de Surigny : mort au champ d'honneur ! Le capitaine Rodolphe de Foras : mort au champ d'honneur !

Si remplie de ces glorieux exemples que soit déjà ainsi, dans ces années de cataclysme, l'histoire d'une famille illustre, il en est cependant encore un sans l'évocation duquel elle resterait incomplète.

Vers 1904 ou 1905, le comte Barle de Foras émigrait de Savoie avec ses enfants pour le Canada. Quelques années auparavant, son père, le comte Amédée, avait occupé la charge de grand maréchal à la Cour de Bulgarie, et sa petite-fille, la petite Ferdinande, la première née du comte Barle, avait eu le roi pour parrain. Le prince, malheureusement, faisait ensuite abjurer le Catholicisme à son fils Boris pour le culte schismatique, et le vieux comte Amédée ne se regardait plus comme autorisé par l'honneur à rester à son service. Sans vouloir même s'arrêter à ce qu'une rupture avec son souverain allait lui faire perdre, il n'hésitait pas à rompre, se résignait d'avance aux épreuves qui ne pouvaient manquer de lui advenir, et l'exode de ses enfants, pour les régions perdues où ils s'étaient expatriés, n'en avait été que la conséquence.

Puis, le temps avait passé, et les de Foras

se faisaient à la vie d'Amérique, lorsque le coup de tonnerre de la Guerre leur arrivait dans leur exil. Le comte Barle avait dix enfants, et Ferdinande, leur aînée, la filleule de l'apostat, sentait alors se réveiller en elle toutes ses générosités héréditaires. Ses frères étaient partis défendre leur pays, ses oncles étaient comme eux sur les champs de bataille, des Anglaises et des Canadiennes s'engageaient elles-mêmes pour le service des blessés, et sa résolution était vite prise. Elle s'engagerait comme elles, et rien ne l'arrêterait, ni les difficultés, ni la longueur du voyage, ni les prières ni la tendresse même de ses parents ! Et elle s'embarquait pour la France, se rendait à l'ambulance de Dinard où l'envoyait la Croix-Rouge, et où sa foi, sa jeunesse et sa race accomplissaient des prodiges. Mais elle allait y perdre sa santé, y contractait un mal qui ne lui pardonnait pas, et mourait à Genève, le 19 décembre 1915, décorée dans ses derniers jours de la Médaille d'Or des épidémies, entourée de l'affection de parentes accourues à son appel, et martyre de sa charité !

Fors l'Honneur nul souci... C'était la vieille devise des de Maistre, et ils ne devaient pas y forfaire. Du vieux blason de famille, et des pages immortelles de l'écrivain-prophète, toute une tribu héroïque devait se lever ainsi dans les descendants, les neveux, les petits-neveux, et les porteurs mêmes du nom! Après le génie du premier, les vertus et la foi des autres! Après le plus riche héritage de vérité, la plus riche abondance de sang joyeusement donné!

TÉMOIGNAGES ET DOCUMENTS

TÉMOIGNAGES ET DOCUMENTS

UN EMPLOYÉ DE COMMERCE

34e CORPS D'ARMÉE

—

2e DIVISION

—

2e BRIGADE

—

SECTEUR DU NORD

—

ÉTAT-MAJOR

Citation à l'Ordre de la Division.

Le général de division Varin commandant le secteur nord du 34e corps d'armée cite à l'ordre de la Division :

Noms et prénoms : Condom, Georges-Henri. Grade : Adjudant-chef du groupe léger du 8e régiment de dragons, nº matricule 0.4018. Motif de la citation : « A fait preuve, au cours de l'opération du 8 mars d'un dévouement et d'un mépris du danger absolu. S'est prodigué pour assurer la liaison avec les pelotons engagés en se portant sous la fusillade à tous les points intéressants. Au moment du repli, suppliait son capitaine de lui laisser faire une patrouille dans l'ouvrage ennemi pour s'assurer qu'il n'y avait personne. A été tué par une balle, au moment où il dirigeait vers nos lignes un groupement ramenant un blessé.

Le 18 avril 1916.

Le général commandant
le secteur du Nord du 34e C. A.
Signé : VARIN.

Extrait certifié conforme :
à Luçon le 21 juin 1916.

Le chef d'escadrons commandant
le dépôt des 8e et 31e régiment de dragons.
Signé : C. L'HERVILLIERS.

UN CAMELOT DU ROI

Citation de Maxime Réal del Sarte à l'Ordre de l'Armée.

« Excellent sous-officier qui a toujours fait son devoir avec la plus belle vaillance et qui a donné, en toutes circonstances, l'exemple de la plus grande bravoure. Très grièvement blessé le 29 janvier 1916, en prenant la place d'un guetteur. Amputé de la main gauche. »

Lettre de Monseigneur le duc d'Orléans
à Maxime Réal del Sarte.

Londres, 29 juillet 1916.

Mon cher ami,

On vient de me remettre de votre part la médaille militaire que vous aviez si bien gagnée !

La pensée que vous avez eue m'a profondément touché et j'en ai été plus ému que je ne puis vous le dire.

Je garderai toujours avec moi ce souvenir du brave soldat, du glorieux mutilé auprès duquel j'aurais tant voulu combattre pour notre chère Patrie !

J'aimerais tant à vous revoir et j'espère que ce sera bientôt.

En attendant, mon cher Maxime, je vous embrasse de tout cœur.

Votre très affectionné,

PHILIPPE.

LE CAPITAINE DE VISME

Lettre du commandant Vautrain du 11e hussards.
Détaché du 146e (20e corps) à Mme de Visme.

20 mars 1916.

Puisqu'un ami (le capitaine Cochin) m'affirme que ces quelques mots venant du dernier chef direct de votre fils pourront vous être une consolation bien faible, hélas! je ne veux pas tarder davantage à vous donner tous les détails de sa mort, de sa très belle mort...

Il est tombé en beau soldat et en chef, frappé à son poste, en première ligne, au milieu de sa compagnie de mitrailleurs. Vous savez dans quelles conditions cette compagnie, à peine formée, a été engagée le 26 février, après avoir fait la veille avec toutes les compagnies de mitrailleuses du 146e, une étape de cinquante-huit kilomètres. J'avais fait avec lui la dernière partie de la route, je le vois encore, marchant de son pas tranquille, à pied comme tous les officiers, car bien que les chevaux fussent là, nous avions voulu partager la grande fatigue de nos hommes. Jusqu'à l'arrivée au gîte, tard dans la soirée, il avait conservé la sérénité et la bonne humeur qui faisaient de lui le plus charmant camarade et le meilleur des chefs, sachant trouver pour ses hommes dans le plus dur moment, le mot qui encourage et qui entraîne. Ils l'en ont remercié à leur manière, et pas un autre peut-être n'aurait obtenu d'eux ce qu'ils ont fait pendant ces dix journées d'épreuves, où la tenue de ces soldats, rassemblés quelques jours seulement auparavant, et dont beaucoup n'avaient jamais vu le feu, a forcé l'admiration de tous.

Le 2 mars, alors qu'il avait été déjà légèrement blessé le 26 par un éclat d'obus à la tête, il venait s'assurer de la bonne position d'une de ses pièces, sous le feu de l'ennemi, tenant à se rendre compte de tout par lui-même et bien qu'un de ses officiers le priât de ne pas tant s'exposer, lorsqu'il fut frappé d'une balle au cou.

Il est mort sans proférer une plainte, à un moment où il avait la satisfaction de voir l'offensive allemande arrêtée, pouvant, à bon droit, prendre sa part du succès, content de la superbe attitude de sa troupe. « Mes hommes sont épatants », m'écrivait-il la veille dans un petit compte rendu qu'il m'envoyait au poste de commandement du colonel où je me trouvais alors.

Si je l'osais, Madame, je vous dirais d'être fière de cette mort glorieuse. Je le connaissais suffisamment pour savoir que c'était celle qu'il eût choisie. Pas un de nous qui en pût désirer de plus belle, si l'heure du dernier sacrifice doit un jour sonner pour lui...

Nous avions tous pour lui la même affection et nous le pleurons comme l'un des nôtres...

Il repose au cimetière militaire, près de l'hôpital, non loin du capitaine Barriat, l'autre bon camarade que nous avons perdu avec lui. Ses hommes ont pu ramener son corps et vous aurez du moins la consolation de connaître sa tombe... J'ai fait fixer sur les deux croix une plaque de laiton prise dans une douille d'obus, et le nom est gravé sur la tombe comme dans nos cœurs.

Croyez que nous partageons votre immense chagrin et que le souvenir de notre bon camarade Jacques de Visme, nous sera toujours un exemple.

Le colonel a bien voulu demander sa citation à l'Ordre de l'Armée ; il l'a noblement méritée.

Lettre du colonel du 146e Jeanpierre à Mme de Visme.

21 mars 1916.

La triste nouvelle du malheur qui vous a frappée a dû vous parvenir officiellement. Il reste au colonel de votre cher enfant à vous dire que votre deuil de famille en est un aussi pour le régiment. Nous regrettons la perte du brillant officier de mitrailleurs plein d'espérances et sitôt enlevé. Du moins je puis vous dire que sa brillante conduite, en cette journée du 2 mars où nous avons brisé et rejeté l'effort allemand, a largement contribué au succès payé de sa vie. Ce souvenir glorieux adoucira votre chagrin. C'est au cimetière de Verdun que repose le corps de votre fils. J'ai dû intervenir pour qu'il ne restât pas dans la mêlée ; ce n'est pas sans peine et sans danger que ce pieux devoir a été accompli.

Lettre du capitaine Augustin Cochin du 146e
à Mme de Visme.

22 mars 1916.

Voici quelques détails — j'en aurai d'autres. Jacques a été blessé une première fois le 26 par un éclat d'obus — casque troué, plaie à la tête, douloureuse et gênante à cause du pansement nécessaire. — Mais il n'a pas voulu s'en aller. Ses mitrailleuses étaient en ligne avec les sections de tête, à cent pas des Boches. Il a été tué, le 2, comme il observait les effets du tir de ses pièces, par-dessus le parapet de son abri. Une balle dans le cou, mort instantanée. Il laisse un souvenir, un exemple uniques dans un bataillon héroïque qui a décidé à lui seul du sort de la bataille, le général de brigade l'a solennellement déclaré devant les deux régiments. Tout le monde, hommes et chefs, pleure en parlant de lui.

Lettre du sergent-major Chambron de la 3e compagnie de mitrailleurs du 146e à M. de Visme.

30 mars 1916.

Voici, monsieur, le texte de la citation du capitaine.

Le général commandant la 2e armée cite à l'Ordre de l'Armée le capitaine de Visme (Jacques-François) du 146e régiment d'infanterie.

« Versé sur sa demande de la cavalerie dans l'infanterie, et placé à la tête de la compagnie de mitrailleuses, a fait preuve pendant l'attaque allemande du 2 mars d'un grand sang-froid et du mépris de tout danger. A été tué d'une balle au moment où il dirigeait en personne l'installation d'une de ses pièces sur le parapet de la tranchée. »

Mais ce que cette citation ne dit pas, c'est l'admiration, la vénération que nous avions tous pour notre capitaine. Il n'était avec nous que depuis un mois à peine et il avait su gagner tous les cœurs. Nous avions en lui la confiance la plus absolue parce qu'on le savait brave parmi les braves, sûr de lui, ne reculant devant aucune difficulté et solutionnant, à la satisfaction générale, toutes les questions.

Pour aller là-bas où la mort nous l'a pris, il fit avec nous près de soixante kilomètres, à pied ; son ordonnance montait son cheval. Un trait de ce genre frappe l'esprit du soldat et l'attache pour toujours à son chef.

A la bataille, il fut admirable ; toujours debout sous la mitraille, ne courbant jamais la tête, allant, venant, surveillant tout et tous, se dépensant sans mesure. Si j'osais, monsieur, je dirais qu'il fut trop brave, parce qu'un chef de sa valeur devrait rester. Nous ne déplorerons jamais assez sa perte!

Au lendemain de sa mort, le colonel s'adressant aux mitrailleurs, a dit : « Avec les capitaines Barriat et de Visme, le régiment perd ses deux meilleurs officiers. » Et c'est la vérité.

Note du sergent Esclangon du 146e,
3e compagnie de mitrailleurs.

Le 2 mars vers 9 heures, les Boches commencent à nous arroser copieusement d'obus de tous les calibres et, malgré ce déluge de mitraille, nous restâmes tranquillement sur nos positions. Vers 2 h. 45, le bombardement cesse, et nous voyons apparaître les vagues allemandes composées de pionniers. Chacun à son poste, nous commencions à faire du bon travail, mais nous n'arrêtions pas leur élan. Alors, mon capitaine me fit chercher une section (qui se trouvait à notre droite et qu'un repli de terrain empêchait de battre complètement l'ennemi) pour nous soutenir et faire un travail plus efficace; j'amène cette section que j'installe à côté de l'autre, et c'est alors que notre regretté capitaine fut frappé d'une balle aux environs du cœur au moment où il surveillait crânement l'installation de cette section, alors qu'il recommandait à ses hommes de ne pas trop s'exposer. Il fut vengé, croyez-le, cher monsieur, car jamais perte d'un officier de telle valeur et aimé de tous ses hommes ne donna plus de mordant et d'abnégation à une troupe.

Le 25 septembre 1915, alors que Jacques de Visme commandait encore le peloton de mitrailleuses du groupe léger de la 2e division de cavalerie, il écrivait déjà à ses parents :

Pour donner du cœur à mes mitrailleurs, je fais toutes les marches avec eux tandis que de S... m'amène mes autos. (Lettre du 25 septembre 1915.)

Nous sommes ramenés un peu en arrière pour attendre la reprise de l'offensive. La victoire a été magnifique, mais elle n'a pas pu être complétée... Et je regrette ce rôle stupide de spectateur. Je regrette surtout de n'être pas passé vraiment dans l'infanterie. A ce groupe léger, j'en ai tous les ennuis et aucun des avantages, même pas celui de pouvoir risquer sa peau. (Lettre du 1er octobre 1915.)

Je suis à la veille de prendre une grave décision, dont je vous avais déjà parlé autrefois. Un nouvel et pressant appel du général en chef aux officiers de cavalerie leur demande d'accepter le « périlleux honneur » de passer dans l'infanterie. Je suis de ceux qui peuvent demander à partir, et je crois que c'est un devoir !

La cavalerie a joué un rôle modeste jusqu'à présent : elle en a un autre à jouer et elle le jouera probablement. Mais ce sera long, très long... Je n'ai plus le courage d'attendre, même en faisant un petit métier de territorial dans les tranchées de l'Alsace reconquise ! Je ne renie pas mes espérances d'autrefois, et je ne veux pas quitter la cavalerie qui est une arme merveilleuse... Mais, pour la durée de la campagne, je crois qu'il y a du travail plus utile ailleurs.

J'ai écrit de divers côtés pour voir quels sont les régiments où je puis espérer *trouver quelques amis*, car c'est surtout là qu'*est le grand sacrifice : quitter ses hommes et ses camarades !* Et j'attends la réponse pour faire ma demande. J'ai tenu à vous avertir de la chose avant de vous placer devant le fait accompli, mais je suis certain que vous ne pourrez que me féliciter de ma décision. (Lettre du 25 novembre 1915.)

Je tiens à te confirmer ma décision que *j'exposais hier à Papa et à la suite d'un nouvel et très émouvant appel du général en chef aux officiers de cavalerie*, je suis décidé à faire une demande. Ici, au groupe léger, j'ai tous les ennuis du métier de fantassin sans en avoir aucun des avantages. Voilà seize mois que les cavaliers attendent leur heure : je suis sûr qu'elle arrivera, mais je suis las d'attendre. Il y a du travail pressant ailleurs et je crois qu'il est de mon devoir d'accepter le périlleux honneur dont parle le général en chef.

Je n'ai que la crainte de voir ma demande refusée sous prétexte... que je suis déjà dans l'infanterie ! Enfin, j'attends encore vos conseils et le résultat des renseignements que je fais demander de différents côtés au sujet du corps à choisir. (Lettre du 23 novembre 1915.)

Je suis bien navré de voir que vous ne voulez pas essayer de comprendre une détermination dont je ne discerne pas moi-même les motifs véritables. Mais je sais très bien qu'il n'y entre ni ambition, ni désir de jouer un beau rôle, ni impatience, ni ennui... Je sens très nettement que c'est un devoir impérieux. Depuis le départ de mon malheureux, mais très cher camarade, de Benoist, cette idée me hantait et, plusieurs fois déjà, j'avais renoncé à faire une démarche en songeant à toutes ces excellentes raisons que vous invoquez maintenant. Pourquoi hésiter toujours ? Je préférerai les regrets aux remords. (Lettre du 4 décembre 1915.)

J'attends la décision du général en chef sans la moindre impatience, puisque je ne cherche aucun traitement de faveur ni aucune place spéciale. J'avoue seulement que je serais content de commencer par une compagnie de mitrailleuses, ce qui pourrait me donner le temps de me mettre un peu au courant. (Lettre du 4 décembre 1915.)

Nous n'avons toujours pas le moindre renseignement sur le sort de nos demandes. La réponse est certaine et il ne reste plus qu'à attendre notre affectation... Pour ma part, je n'ai aucune impatience et aucune inquiétude, puisque je n'ai formulé aucun désir. J'ai confiance dans les desseins de la Providence, et je suis décidé à faire partout mon devoir avec entrain et énergie... Si j'avais voulu ma tranquillité et mon agrément, il m'était trop simple de rester à ma division, où j'avais une situation faite et une réputation assise. (Lettre du 13 décembre 1915.)

Je vais entrer dans une nouvelle voie : vous acceptez le fait accompli, malgré vos conseils — sans vouloir en admettre l'opportunité... Mais plus j'y réfléchis, plus je suis content d'avoir eu le courage de faire ce sacrifice devant lequel beaucoup hésitent encore, mais qu'ils seront obligés de faire dans des conditions moins favorables.

Mon existence nouvelle sera plus utile et plus remplie : qui sait si elle ne va pas me prendre tout entier ? En tous les cas, elle pourra me forcer à faire un sérieux retour sur moi-même, comme l'officier du roman de Psichari que je suis en train de lire avec le plus vif intérêt dans l'*Illustration*. (Lettre du 22 décembre 1915.)

Il n'y a rien de nouveau dans ma situation personnelle, mais mon départ doit être imminent... J'ai eu la grande tristesse d'apprendre la mort du colonel Boussat qui m'avait demandé (aux Chasseurs alpins)... Pourquoi la Providence veut-elle que ce soient toujours les types épatants qui tombent les premiers ? (Lettre du 21 décembre 1915.)

Je suis nommé capitaine à titre temporaire au 160e de ligne. C'est un très bon régiment de la division de Toul, celle d'Augustin Cochin... Je suis très content d'avoir eu la volonté de faire le sacrifice jusqu'au bout. (Lettre du 24 décembre 1915.)

Je n'ai pu rejoindre qu'hier soir mon nouveau régiment... Ma première impression est assez complexe...

Malgré tout, je n'ai jamais été aussi satisfait d'avoir voulu ce sacrifice dont je commence à connaître toute l'étendue. Je vais me mettre au travail avec ardeur, car j'ai une tâche intéressante et difficile. Les débuts seront peut-être pénibles, mais j'espère pouvoir réussir et avoir la joie merveilleuse d'aller à l'assaut avec des hommes dressés par moi et animés de mon esprit...

Au revoir, ma chère maman, je regarde toujours l'avenir avec cette même confiance et il me semble que tu pourras sentir dans mes souhaits une certaine joie. (Lettre du 31 décembre 1915).

Le 160e est un des plus beaux régiments du 20e corps et il a été encore particulièrement brillant aux affaires du 25 septembre. Mais il a perdu beaucoup de monde et il a besoin de se reconstituer.

Le colonel est très autoritaire, mais, sauf certains côtés politiques, il est très bien. Mon chef de bataillon, au contraire, est très chic à tous les points de vue. Des cinq capitaines du régiment, je ne connais que le capitaine qui se trouve au même bataillon que moi; ancien sous-officier d'infanterie coloniale, il était président d'un syndicat d'ouvriers armuriers à Châtellerault !...

Je ne connais pas encore mes gradés et mes hommes : ils sont très mélangés à la suite de renforts successifs venus pour combler les vides après l'attaque. A l'heure actuelle, l'effectif de ma compagnie n'atteint pas 160 ; elle a besoin de beaucoup de repos et de tranquillité avant de subir un nouvel entraînement.

Voilà la situation matérielle et morale de mon nouveau milieu. Toutes mes prédictions se réalisent et je vais avoir beaucoup de travail : maintenant, j'ai la sensation très nette que je suis bon à quelque chose et que j'ai un rôle à jouer. Il sera peut-être ingrat, mais, pour l'instant, je suis plein encore du plus bel enthousiasme. (Lettre du 12 janvier 1916.)

Je suis tout à fait installé dans ma nouvelle compagnie où je me trouve très bien. J'ai beaucoup de travail; mais c'est un travail organisé et dirigé, puisque je ne suis plus qu'un vulgaire commandant de compagnie qui reçoit des ordres d'un colonel et d'un chef de bataillon ! Mes hommes me donnent entière satisfaction, et, en trois jours, leur instruction a repris d'une façon étonnante : il n'y a qu'un tout petit noyau d'anciens poilus qui aient fait la dernière attaque. Mais ils donnent le ton aux autres qui proviennent des dépôts de différents régiments : ils prennent très vite l'allure et l'esprit du 160e... J'espère que sous peu nous serons dignes, eux comme moi, de porter un numéro toujours illustré à chaque bataille !

Quant aux officiers du bataillon, je me fais peu à peu à leurs manières et à leurs habitudes. Mes trois sous-lieutenants sont très gentils, mais ils ne pourront jamais être des camarades pour moi, à cause de leurs goûts et de leurs idées.

Mais, quoi qu'il en soit, je suis toujours de plus en plus content d'avoir pu faire un sacrifice devant lequel j'hésitais depuis plus de dix mois, puisque je voulais partir en même temps que mon cher et glorieux ami, qui m'avait conseillé de rester ! Pourquoi ai-je tant hésité ? Je crois pourtant que ce n'était pas par frousse, quoique souvent en écoutant certains récits, je suis sur le point de me demander si je vais pouvoir être à la hauteur... Non, je ne pouvais pas me résoudre à quitter mes camarades et mes hommes ! Et maintenant, tout en les regrettant, j'ai le sentiment très net que ma place est bien ici où je suis un peu utile... Du reste, le métier d'officier d'infanterie n'est pas ennuyeux. C'est de l'éducation morale de l'homme en vue de le rendre capable d'aller se faire casser la figure utilement! C'est plus difficile qu'on ne le croit... (Lettre du 4 janvier 1916.)

Ma nouvelle situation est sans changement. Je réorganise ma compagnie qui était revenue de Champagne fort réduite, mal habillée, un peu fatiguée et assez mal en main. Mais les hommes ont un excellent esprit, et ma tâche est très facilitée par l'ambiance générale du corps d'armée. Quoique formé d'éléments très variés, le 20e corps a gardé un peu de son allure du début !

Pour l'instant, je ne fais que de l'instruction et de l'organisation intérieure. Cela me donne beaucoup de travail, mais c'est un travail intéressant. Petit à petit, je me fais à mon nouveau métier et, insensiblement, je perds ma mentalité de cavalier...

Mes relations avec les autres officiers du bataillon sont excellentes, mais je me fais difficilement à leur milieu. Du reste, leur conversation est très instructive et j'apprends beaucoup en causant avec mon sous-lieutenant qui était président de la fédération communiste anarchiste de Bayonne ! Au fond, toutes ses idées sont presque les miennes, mais il se gargarise de paroles ronflantes et creuses... Au point de vue militaire, il est très bien, et je crois que la guerre aura fait beaucoup de bien à tous ces gens-là !

Mes hommes sont très bien, et je viens de recevoir un renfort de cavaliers démontés qui sont excellents. Maintenant, j'arrive presque à mon effectif de 200 hommes qui est réglementaire, au lieu des 250 hommes prévus par l'ancien règlement. D'ici peu, nous serons prêts à reprendre notre place pour une attaque... Maintenant, je ne peux même plus dire que je ne le souhaite pas puisque j'y serai ! (Lettre du 11 janvier 1916.)

Dans ma dernière lettre à maman, je vous parlais de notre aumônier du régiment, l'abbé Moncel... Il a l'air fort bien et a assisté de Benoist au moment de sa mort. Et cela me fait plaisir de retrouver quelqu'un qui ait connu le plus merveilleux officier que j'aie jamais connu. (Lettre du 11 janvier 1916.)

L'instruction est poussée avec une grande énergie dans tous les corps au repos, mais je crois qu'au 20e corps on travaille plus que partout ailleurs. Du reste, cela est nécessaire, car ma compagnie est composée d'éléments très disparates qui ont besoin de prendre de la cohésion et de la discipline. Aux 35 poilus qui sont restés indemnes après l'attaque du 25 septembre, sont venus s'ajouter 160 hommes de renfort de tout âge et de toute provenance (il y a même des cavaliers !) Mais ils ont tous un excellent esprit, et le fait de porter un numéro qui a toujours été à l'honneur les oblige à prendre l'allure de soldats d'élite.

De mon côté, je suis obligé de travailler beaucoup pour m'initier au métier de fantassin qui est assez compliqué, quand on commande une unité... même très modeste ! Je me trouve au milieu d'officiers qui sont une élite au point de vue du courage, mais ce seul point de vue n'est pas suffisant pour faire d'un officier un « chef »... En attendant d'avoir l'occasion de voir si je suis digne de faire partie de cette élite au point de vue de la bravoure, je veux essayer d'acquérir certaines qualités moins indispensables, mais utiles cependant...

Mes journées se passent en théories, exercices, manœuvres et marches. Pour occuper mes loisirs, j'ai l'administration de ma compagnie ! Aussi je n'ai pas pu aller voir Augustin Cochin, quoique nos cantonnements ne soient distants que de quelques kilomètres. A la division, tout le monde a une grande admiration pour Augustin et, comme son père, on le traite d'héroïque entêté... Cela fait ajouter à mon sous-lieutenant communiste-anarchiste : « Des gens comme cela me réconcilient avec les réactionnaires ! »... Il y a tous les jours des mutations, et moi-même je ne sais pas si je ne vais pas aller prendre une compagnie de mitrailleuses dans un autre régiment (peut-être au 146e). (Lettre du 13 janvier 1916.)

Je suis demandé par un autre général (celui de la 2° brigade de ma division) pour avoir le commandement de mitrailleuses du 146° d'infanterie. Je suis très flatté de cet honneur et je suis très fier d'un commandement qui est encore plus intéressant que celui d'une compagnie ordinaire... J'ai cependant un petit regret de quitter la 7° compagnie du 160° avec laquelle je commençais à obtenir de bons résultats! Du reste, la chose, tout en étant probable, n'est pas encore faite... (Lettre du 14 janvier.)

Ici, mes occupations sont toujours sans variété. L'instruction de ma compagnie me prend tout entier parce qu'en même temps que son dressage, je suis obligé de faire le mien... Du reste, je dois avouer que c'est moins difficile que je ne le croyais quand on a une petite expérience du métier militaire et de la guerre. Et ici, je suis un officier ancien!

Je suis allé voir hier Augustin Cochin qui m'a fait le plus charmant accueil. Je n'ai pu passer que quelques instants avec lui, mais il a fait tout de suite ma conquête. Du reste, toute sa conduite prouve que c'est un homme de premier ordre au point de vue moral... Il comprend son devoir avec un « entêtement » exagéré, peut-être, mais il n'en est que plus admirable...

D'après ce qu'il m'a dit, ma mutation au 146° est presque officielle. — Je suis très heureux de tomber à ce régiment à cause du colonel d'abord, et parce que je pourrai y revoir de temps en temps des officiers susceptibles d'être des camarades : Augustin Cochin, un de mes camarades de promotion (le lieutenant Flajollet) passé aussi dans l'infanterie (venant du 7° dragons) et un sous-lieutenant (de Vrégille), venant du 8° dragons, qui avait été mon sous-officier de peloton à Lunéville. — Voilà trois amis que des coïncidences bizarres vont mettre sur ma route! Et puisque de toute façon, ma spécialité de mitrailleur me destine à quitter ma 7° compagnie, je préfère que la séparation ait lieu tout de suite avant que j'aie pu m'attacher à mes hommes. Et, dans l'infanterie on doit s'y attacher beaucoup plus que dans la cavalerie, où l'éducation morale a beaucoup moins d'importance. (Lettre du 18 janvier 1916.)

Les différents colonels des quatre régiments de la division luttent pour avoir des capitaines, et le colonel du 146e me demandait avec insistance. J'avais beaucoup de raisons de préférer ce régiment à tout autre à cause du colonel, d'abord, puis à cause des officiers que j'y retrouve : mon camarade de promotion Flajollet, Augustin Cochin, et un de mes sous-officiers du 8e dragons, de Vrégille.

L'affaire était décidée vendredi, puis samedi tout était à refaire à cause des protestations du colonel du 160e... Grâce au colonel Jeanpierre (celui du 146e) et surtout grâce à Augustin Cochin — qui est toujours très aimable pour moi et qui a tout fait pour que je vienne à son régiment — je viens de recevoir mon ordre de mutation et, sauf avis contraire, je passe au 146e d'infanterie... Ma vie est toujours agréable et facile. Pendant tous ces jours derniers, j'ai continué à m'instruire en instruisant les autres. (Lettre du 23 janvier 1916.)

Je ne comprends pas pourquoi tu as besoin d'être réconciliée avec l'idée d'un commandement de mitrailleuses « qui à première vue ne te plaisait guère » ?

Du reste, comme pour l'infanterie, la chose est faite maintenant et j'ose espérer que tu ne persisteras pas dans ta première idée. En tous les cas, les compagnies de mitrailleuses sont plutôt considérées comme des places de choix, où l'on est un peu plus à l'abri que dans une compagnie ordinaire. Inutile de te dire que ce n'est pas cette raison qui m'a poussé à exhiber ma spécialité de mitrailleur, mais le fait que c'est un emploi très intéressant où l'on voit un peu plus large que comme officier de rang !

Comme je l'ai dit à papa, ma mutation a fait l'objet de conflits très nombreux entre les colonels du régiment qui voulaient m'avoir comme mitrailleur (non pas à cause de ma modeste personnalité mais à cause de mon grade). Le 146e est un régiment très agréable et très bien commandé, où quelques officiers d'élite ont pu réagir contre le niveau général des officiers... Je suis donc très content d'avoir pu y aller et c'est grâce aux interventions très efficaces d'Augustin Cochin que j'ai pu triompher de tous les obstacles ! Il s'est remué de la façon la plus aimable et a fini

par persuader à tout le monde que ma place était au 146e...
Je change de régiment demain, et je vais pouvoir faire sa connaissance mieux que dans quelques rapides visites où il n'était question que de mon affaire. Mais j'ai déjà pu apprécier toutes ses qualités qui sont vraiment reconnues à notre division ! Mon cantonnement n'est pas le même que le sien mais les deux villages sont à proximité. Pour le moment, il est très occupé, car il remplace son chef de bataillon (ce que je viens de faire aussi ici pendant quelques jours) et moi, de mon côté, je vais avoir fort à faire pour créer cette compagnie de nouvelle formation dont tous les éléments sont en train de se grouper... (Lettre du 25 janvier 1916.)

Je débute comme fantassin en faisant chaque jour de petites étapes qui finiront par nous conduire sous de nouveaux cieux. Décidément, je suis destiné aux régions montagneuses... Je pense que nous allons y poursuivre notre instruction qui est loin d'être mise au point. Et pour ma part, j'ai à organiser ma compagnie de mitrailleuses... Je commande la compagnie no 1 en l'absence de son capitaine qui, encore incomplètement guéri, n'a pas pu rester (le capitaine Barriat tué le 26 février) mais je l'ai assez vu pour me rendre compte que c'est un excellent camarade. C'est un type merveilleux qui a des états de service épatants.
Le 146e me semble toujours un régiment très agréable. Le colonel est charmant, et Cochin est un camarade plein de ressources. Encore aujourd'hui, où nous sommes cantonnés dans le même village, j'ai pu apprécier toute son amabilité ainsi que celle de son beau-frère Firmin Didot. (Lettre du 29 janvier.)

Mes débuts comme vrai fantassin n'ont pas été trop pénibles et j'ai pu marcher sans aucune fatigue pendant ces trois petites étapes. Nous allons continuer notre instruction et notre entraînement, tout en fournissant des travailleurs pour organiser des tranchées de 2e ligne. Pour ma part, je vais constituer la compagnie de mitrailleuses dont je dois prendre le commandement dès que le capitaine Barriat pourra revenir prendre le commandement de la sienne. Il y aura un bataillon de mitrailleuses par régiment d'infanterie, avec trois compagnies de mitrailleurs; les deux premières existent et la troisième sera la mienne. Nous avons pour nous commander un chef d'escadron venu de la cavalerie à titre d'essai...

Nous faisons popote entre mitrailleurs, et j'ai la chance d'avoir ainsi quelques camarades, avec lesquels je puis me lier un peu. Je te donne tous ces détails « techniques » pour que vous puissiez comprendre tout de suite quelle est ma nouvelle situation au 146° de ligne.

Tous ces jours derniers, je me suis trouvé beaucoup avec Cochin qui est un très chic camarade. Il commande sa compagnie, la neuvième, avec une autorité et une distinction tout à fait remarquables !..: J'ai fait la connaissance de Firmin Didot qui est très gentil et très distingué...

Je crois que nous ne sommes pas pour longtemps dans ce beau pays, mais je ne sais si l'on prépare une nouvelle offensive. Elle aura lieu un jour ou l'autre... (Lettre du 1er février 1916.)

Nous continuons à être en réserve, tout en faisant des tranchées de 2e ligne dans une région presque montagneuse où je n'étais pas encore allé... Nous y avons tous les agréments des montagnes, d'une rivière et même, pas très loin, d'une cristallerie célèbre... Je suis tout à l'organisation de ma compagnie de mitrailleuses. Le colonel Jeanpierre est un type merveilleux, mais il est très raide et son régiment ne bronche pas. Avec lui, c'est un plaisir d'organiser une unité nouvelle, et cela ne me donne pas autant de mal que la constitution du peloton de mitrailleurs du groupe léger. Pourtant, les éléments de ma compagnie sont moins bons que mes cavaliers et je vais avoir à les dresser : mais, comme me dit Cochin, c'est très intéressant de forger soi-même l'outil avec lequel on doit combattre ! — J'espère que les Boches vont me donner le temps de le mettre tout à fait au point et que ma compagnie sera digne des deux autres qui ont fait des choses merveilleuses à « Neuville » et à « Maison de Champagne », pour ne parler que des deux dernières attaques...

Et tout porte à croire que le 20e corps sera encore de la prochaine, puisqu'on se donne tant de mal pour le reconstituer complètement. (Lettre du 2 février 1916.)

Nous organisons des positions de 2e ligne pendant que les autres divisions du corps d'armée poursuivent leur instruction dans un camp... Le temps est beau, et nous pouvons en profiter pour faire de jolies excursions en entraînant mes hommes. Ma nouvelle compagnie s'organise petit à petit... Le régiment a une très bonne allure... Je ne vois presque pas Flajollet et de Vrégille qui sont cantonnés assez loin d'ici mais j'ai beaucoup d'occasions de rencontrer Augustin Cochin. C'est un très chic type, et il est vraiment fanatique. Nous nous entendons bien pour rouspéter contre les embusqués du front... En tous les cas, sa compagnie marche à merveille. (Lettre du 7 février 1916.)

Ici, notre situation est « inchangée ». Le régiment est tout à ses travaux d'organisation défensive pendant que je m'occupe d'organiser ma nouvelle compagnie de mitrailleuses. C'est un gros travail, avec bien des embêtements...

Tous mes projets tombent dans le lac, puisque nous allons faire un séjour de trois semaines dans une espèce de camp d'instruction. Puis on parle de nous envoyer occuper un secteur du front, pour nous occuper en attendant le moment de la prochaine offensive... En tous les cas, je crois que ma permission ne sera pas possible avant notre installation dans ce secteur, c'est-à-dire vers la fin de mars... Et au 20e corps, il est préférable de ne pas faire de projets et de vivre au jour le jour.. (Lettre du 10 février 1916.)

La situation est toujours inchangée, malgré l'activité nouvelle qui règne sur notre front. Est-ce simplement un bluff des Boches, ou préparent-ils une vraie offensive ? Je le souhaite...

En tous les cas, notre départ est toujours décidé pour ce camp d'instruction. Si je n'avais un *bayon*, je pourrais être plus explicite. Encore une petite promenade à pied pour nous rendre là-bas, et nous commencerons un séjour très instructif, peut-être intéressant, mais sûrement très pénible.

Le temps lui-même n'est pas favorable, car il pleut sans arrêt depuis trois jours! Ma compagnie se constitue petit à petit, mais les débuts sont toujours ennuyeux. Cochin m'a passé un excellent sergent-major qui me facilite mon travail... Pour le moment, je n'ai encore qu'une centaine d'hommes et quarante chevaux, mais avec la compagnie de Barriat (qui ne peut pas reprendre complètement son service), j'ai de quoi m'amuser. (Lettre du 16 février 1916.)

Des événements imprévus ont changé tous mes plans et il n'est plus question de permissions ! Vous devez comprendre, même à travers les communiqués officiels, qu'il se livre une action très importante et que les Boches tentent un gros coup...

Aussi, nous avons quitté par alerte notre région de repos pour venir en réserve. Je n'ai plus le *bayon* mais les *dragées*, qui m'empêchent de vous parler plus clairement... De corps d'attaque, nous voilà devenus corps de contre-attaque, mais qu'importe ? Si cette folie des Boches pouvait être utilisée de suite... Le moral reste excellent, malgré un long voyage et des marches assez fatigantes. (Lettre du 23 février 1916.)

Mes débuts comme fantassin ont été brillants ; je crois que de suite je suis entré dans la lutte la plus formidable qui ait eu lieu depuis 18 mois !

Notre corps a sauvé la situation fortement compromise. Après quatre jours de combat, sous un feu terrible de pièces lourdes, les Boches sont arrêtés : leur grand coup est raté et ils sont fichus ! Cochin a été merveilleux à l'assaut. Il est blessé à l'épaule droite assez sérieusement.

Didot est blessé aussi. Moi, je n'ai qu'une égratignure à la tête et je reste à ma compagnie. Mes poilus ont été merveilleux, mais j'ai des pertes terribles ! Le moral est excellent malgré la fatigue et l'abrutissement. Plus que jamais je suis content d'avoir fait mon devoir jusqu'au bout. (Lettre du 29 février 1916.)

Tué le 2 mars.

Lettre de M. l'abbé Boulard, aumônier de la 2e division de cavalerie.

J'ai déjà vu partir bien des officiers dans l'infanterie, je n'ai jamais constaté un regret si sincère et si universel que celui qu'a laissé Jacques de Visme, en quittant, pour faire ce qu'il considérait comme un devoir, la 2e division de cavalerie. Votre cher fils joignait de telles qualités de cœur à celles de sa brillante intelligence qu'il était aimé de tous ceux qui le connaissaient. Tous, général, officiers et soldats, traduisaient chacun dans son langage et à son point de vue le regret de se démunir d'un tel officier, de voir partir un ami si sûr ou un chef si bon et suivi avec tant de confiance. C'est vous dire combien douloureusement, quelques semaines après, nous apprîmes que cette séparation n'était plus momentanée, mais que Dieu, en acceptant le généreux sacrifice de votre cher enfant, l'avait enlevé pour toujours ici-bas à notre affection...

Vous aviez su lui inculquer la foi forte qui fait les vrais chrétiens et cet amour du divin Crucifié qui assurent dès maintenant à votre fils, j'en suis persuadé, le bonheur et la gloire que Dieu réserve aux siens...

Lettre d'un ambulancier de la 2e division de cavalerie, pasteur protestant mobilisé.

C'est avec la plus vive tristesse que j'ai appris la mort de Jacques. J'avais pour lui une profonde amitié, jointe à une vive admiration. Je l'avais rencontré quand il était encore tout jeune. Je l'avais vu grandir et devenir exactement l'homme qu'on aurait désiré qu'il devînt, aussi fier, aussi noble au moral qu'au physique, avec une âme claire et droite comme son épée. J'avais pu le revoir plusieurs fois cet hiver. Au village où nous cantonnions, il venait à cheval, au crépuscule, dans son grand manteau sombre de cavalier. Un soir, il me dit son intention de passer dans l'infanterie : « J'ai beaucoup réfléchi, me dit-il. Je crois que c'est mon devoir... »

Sa mort a causé, à la division, une très vive tristesse. Il y était très particulièrement aimé. A l'anxiété avec laquelle les officiers d'Etat-major et le général m'ont demandé des nouvelles à son sujet, j'ai pu voir quels regrets il laissait ici. Dans une pensée fort touchante, l'aumônier catholique, M. Boulard, a dit une messe à sa mémoire...

LE COMMANDANT TOUCHON

CITATIONS ET DÉCORATIONS

Décision du 28 septembre 1914.

Félicitations. — En toute circonstance et à tous les points de vue, le lieutenant-colonel a constaté que la compagnie Touchon du 30e bataillon alpin était une véritable troupe modèle. Il déclare en conséquence ce qui suit :

La compagnie Touchon sera désormais désignée dans les Ordres sous le titre de compagnie d'élite du groupe des Chasseurs alpins de la 64e division. Son capitaine sera nommé premier chasseur du groupe.

Fait chevalier de la Légion d'honneur le 20 octobre 1914.

Capitaine Touchon, 30e bataillon de Chasseurs alpins, a fait preuve des plus belles qualités militaires à différents combats où il s'est emparé de 250 prisonniers et du convoi d'une division ennemie. *Citation à l'Armée.*

Citation à l'Ordre de l'Armée (Vosges).

La 6e compagnie du 30e bataillon de Chasseurs alpins. Placée depuis le 2 décembre dans un endroit des plus périlleux, sous les ordres du capitaine Touchon, à quelques mètres des tranchées ennemies dans lesquelles elle jetait constamment des grenades à main, a héroïquement résisté pendant la nuit du 24 au 25 décembre à une très violente attaque exécutée par des forces très supérieures, se maintenant sur ses positions après une mêlée à la baïonnette où elle a perdu le tiers de son effectif, chantant la *Marseillaise* aux instants les plus critiques, et infligeant à l'ennemi par son feu et ses contre-attaques des pertes considérables.

Citation à l'Ordre du 34e corps d'Armée.

6e compagnie du 30e bataillon, capitaine Touchon, a chassé l'ennemi à la baïonnette. Tête-de-Faux.

Citation à l'Ordre de la Brigade n° 25.

Le capitaine Touchon, Robert, du 30e bataillon de Chasseurs alpins. Placé du 17 au 25 février 1915 à la tête d'un détachement de cinq compagnies de trois corps différents, a su, sous un violent bombardement, et dans des conditions particulièrement critiques, organiser rapidement une position très menacée. Selon son habitude, a fait preuve, en cette circonstance, des plus brillantes qualités militaires comme chef et comme organisateur.

Citation à l'Ordre de l'Armée : Même citation.

Ordre de la Brigade n° 9. — Le capitaine Touchon, bien qu'ayant moins d'un an de grade, est appelé au commandement du 54e bataillon de Chasseurs alpins. Formé à l'école du 14e bataillon de Chasseurs, trempé à celle du 30e, ce brillant officier, après s'être distingué au Maroc, a donné, depuis le début de la guerre contre l'Allemagne, d'admirables exemples d'héroïsme. A la fois audacieux et prudent, d'une vigueur et d'une agilité exceptionnelles, élégant mousquetaire, montagnard éprouvé, tacticien astucieux et toujours heureux, entraîneur d'hommes, il reçoit aujourd'hui l'avancement exceptionnel qui mettra davantage en relief ses belles qualités militaires.

Ordre de la Brigade n° 48.

Citation du valeureux commandant Touchon du 30e pour les admirables exemples d'intrépidité qu'il donne sans cesse à sa troupe et pour le remarquable esprit de méthode dont il fait preuve dans la préparation et l'exécution de ses opérations.

Mars 1915. — Décoré de la Croix de Sainte-Anne (Russie) avec insigne spécial de guerre.

18 *août* 1915. — Nommé chef de bataillon, reste au 54e bataillon de Chasseurs.

Ordre de l'Armée.

Le chef de bataillon Touchon, Robert, commandant le 54e bataillon de Chasseurs alpins. Atteint de deux blessures, a conservé le commandement de son bataillon, l'a exercé dans les circonstances les plus difficiles avec vigueur et énergie malgré la douleur causée par ses blessures.

Citation à l'Ordre de l'Armée du 1er octobre 1916, parue à l'Officiel du 17 février 1917.

Touchon (Robert-Auguste), chef de bataillon, commandant le 117e bataillon de Chasseurs alpins, l'âme de son bataillon, officier dont la bravoure, l'élan, le mordant et l'entrain sont connus de tous. A de nouveau dans les deux combats des 3, 4 et 5 septembre 1916, mené sans répit de jour et de nuit son bataillon, montré ses brillantes qualités de chef et d'entraîneur d'hommes.

GUYNEMER

Liste des récompenses et des citations de Guynemer, ainsi que des victoires remportées par lui, et qui ont pu être officiellement constatées.

RÉCOMPENSES

Pour la Médaille Militaire.

« Pilote plein d'entrain et d'audace, volontaire pour les missions les plus périlleuses. Après une poursuite acharnée, a livré à un avion allemand un combat qui s'est terminé par l'incendie et l'écrasement de ce dernier. » (21 juillet 1915.)

Pour chevalier de la Légion d'Honneur.

« Pilote de grande valeur, modèle de dévouement et de courage. A rempli depuis six mois deux missions spéciales exigeant le plus bel esprit de sacrifice, et livré treize combats aériens dont deux se sont terminés par l'incendie et la chute des avions ennemis. » (24 décembre 1915.)

Pour officier de la Légion d'Honneur.

« Officier d'élite, pilote de combat aussi habile qu'audacieux. A rendu au pays d'éclatants services, tant par le nombre de ses victoires que par l'exemple quotidien de son ardeur toujours égale et de sa maîtrise toujours plus grande. Insouciant du danger, est devenu pour l'ennemi, par la sûreté de ses méthodes et la précision de ses manœuvres l'adversaire redoutable entre tous. A accompli, le 25 mai 1917, un de ses plus brillants exploits en abattant en une seule minute deux avions ennemis et en remportant dans la même journée deux nouvelles victoires. Par tous ces exploits, contribue à exalter le courage et l'enthousiasme de ceux qui, des tranchées, sont les témoins de ses triomphes. 45 avions abattus, 20 citations, 2 blessures. » (11 juin 1917.)

Citations à l'ordre de l'Armée.

« A fait preuve de vaillance, d'énergie et de sang-froid en accomplissant comme volontaire une mission spéciale importante et difficile par un temps d'orage. » (30 septembre 1915.)

« Ne cesse de donner les plus beaux exemples de hardiesse, de courage et de sang-froid en remplissant avec succès les missions les plus périlleuses. Vient en outre pour la deuxième fois de descendre, le 8 décembre 1916, un avion ennemi dont les passagers ont été tués. » (12 décembre 1915.)

« Pilote de chasse d'une audace et d'une énergie à toute épreuve. Le 3 février, a contraint successivement trois avions ennemis à atterrir précipitamment dans leurs lignes. Le 5 février, a attaqué un avion L. V. G. et l'a abattu en flammes dans les lignes allemandes. » (9 février 1915.)

« Le 6 mars 1916, a livré à un avion allemand un combat au cours duquel son avion, ses vêtements et ceux de son observateur ont été criblés de balles. Le 12 mars 1916, a attaqué un avion allemand biplace, et l'a abattu en flammes dans les lignes françaises. Vingt et un combats depuis huit mois, huit avions allemands abattus, dont sept à l'intérieur ou à proximité des lignes françaises. » (28 mars 1916.)

« Désigné pour rejoindre l'armée de Verdun, a abattu un avion ennemi en cours de route. A peine arrivé, a livré successivement cinq combats aériens ; au cours du dernier, aux prises avec 2 avions ennemis, a eu le bras gauche traversé de 2 balles. A peine guéri, a repris son service sur le front. » (23 mai 1916.)

« Le 22 juin 1916, a livré 3 combats aériens ; au cours de l'un d'eux a abattu un avion allemand après avoir eu son appareil atteint par les projectiles ennemis. » (25 juin 1916.)

« Le 16 juillet 1916, a abattu son dixième avion ennemi qui est tombé en flammes, dans les lignes ennemies. » (25 juillet 1916.)

« Le 28 juillet 1916, a abattu son onzième avion ennemi. » (24 août 1916.)

« Le 3 août, a abattu son douzième avion ennemi. » (27 août 1916.)

« Les 17 et 18 août, a abattu deux avions ennemis devant les tranchées françaises. » (3 septembre 1916.)

« Le 4 et le 16 septembre 1916, a abattu ses quinzième et seizième avions ennemis. » (28 septembre 1916.)

« Le 23 septembre 1916, apercevant un groupe de trois avions ennemis soumis au feu de notre artillerie spéciale, leur a livré résolument combat ; a abattu deux de ces avions et a mis le troisième en fuite ; a reçu à ce moment, dans son avion, un obus de plein fouet et n'a pu qu'au prix de prodiges d'adresse, regagner nos lignes, où il a capoté et s'est légèrement blessé (17e et 18e avions allemands abattus) » (28 octobre 1916.)

« Toujours aussi ardent et audacieux, a abattu le 10 novembre 1916, ses 19e et 20e avions allemands. » (13 décembre 1916.)

« Poursuivant toujours avec la même belle ardeur le combat contre les avions ennemis, a abattu les 16 et 22 novembre 1916 ses 21e et 22e avions allemands qui sont tombés en flammes. » (26 décembre 1916.)

« Brillant pilote de chasse. Les 27 décembre 1916 et 23 janvier 1917, a abattu ses 25e et 26e avions ennemis. (12 février 1917.)

« Brillant pilote de chasse. Les 23 et 24 janvier 1917, a abattu ses 27e et 28e avions ennemis. » (13 février 1917.)

« Brillant pilote de chasse. Les 25 et 26 janvier 1917, a abattu ses 29e et 30e avions ennemis. » (14 février 1917.)

« Les 8 février, 16 et 17 mars 1917, a abattu cinq avions ennemis dans nos lignes. » (26 mars 1917.)

« Pilote de chasse incomparable! Les 14 avril, 2 mai et 4 mai 1917, a abattu ses 36e, 37e et 38e avions ennemis. » (14 juin 1917.)

« Pilote de combat incomparable! Les 6 et 7 juillet 1917, a abattu ses 46e, 47e et 48e avions ennemis. » (12 août 1917.)

« Les 27 et 28 juillet 1917, a abattu ses 49e et 50e avions ennemis en flammes; le 17 août, a remporté ses 51e et 52e victoires. « (30 août 1917.)

VICTOIRES

1. Un avion dans les lignes ennemies.	19 juillet 1915.
2. Un avion dans les lignes ennemies.	5 décembre 1915.
3. Un avion dans les lignes ennemies.	8 — 1915.
4. Un avion dans les lignes ennemies.	14 — 1915.
5. Un avion dans les lignes ennemies.	3 février 1916.
6. Un avion dans les lignes ennemies.	5 — 1916.
7. Un avion dans nos lignes.	12 mars 1916.
8. Un avion à Rosières (avec Chaînat).	22 juin 1916.
9. Un avion à Barleux.	16 juillet 1916.
10. Un avion dans les lignes ennemies.	28 — 1916.
11. Un avion vers Barleux.	3 août 1916.
12. Un avion au nord de Combles (avec Heurtaux).	17 — 1916.
13. Un avion à l'ouest du Bois-Madame.	18 — 1916.
14. Un avion dans les lignes ennemies.	20 — 1916.
15. Un avion dans les lignes ennemies.	4 septembre 1916.
16. Un avion près de Storen.	15 — 1916.
17 et 18. Deux avions dans la région d'Amiens.	23 — 1916.

19. Un avion au sud de Nesle.	
20. Un avion à Morcourt (dans nos lignes).	10 novembre 1916.
21. Un avion au sud de Bertain	16 — 1916.
22. Un avion sur Saint-Christ.	
23. Un avion dans la région d'Amiens .	22 — 1916.
24. Un avion à l'est de Mizery	26 décembre 1916.
25. Un avion au sud de la Maisonnette.	27 — 1916.
26. Un avion dans la région de Maurepas	
27. Un avion sur la gare de Chaulnes .	23 janvier 1917.
28. Un avion à Lignières (dans nos lignes).	
29. Un avion à Goyencourt	24 — 1917.
30. Un avion à Monchy (dans nos lignes).	26 — 1917.
31. Un avion à Bouconville (dans nos lignes)	8 février 1917.
32. Un avion près de Serre.	
33. Un avion au nord d'Hoéville . . .	16 mars 1917.
34. Un avion à Regnéville-en-Haye . .	
35. Un avion à Attilloncourt	17 — 1917.
36. Un avion sur La Neuville (dans nos lignes)	14 avril 1917.
37. Un avion près de Courtecon. . . .	2 mai 1917.
38. Un avion entre Courtecon et Braye.	4 — 1917.
39. Un avion au nord de Corbeny. . .	
40. Un avion à Juvaincourt.	
41. Un avion à Courlandon (dans nos lignes)	25 — 1917.
42. Un avion à l'ouest de Guignicourt.	
43. Un avion à l'ouest de Condé-sur-Suippes	26 — 1917.
44. Un avion à Loivre (dans nos lignes).	
45. Un avion au-dessus de la Forêt de Berru	5 juin 1917.
46. Un avion à Brimont	6 juillet 1917.
47. Un avion à Villers-Franqueux (dans nos lignes)	
48. Un avion à Moussy-sur-Aisne (dans nos lignes)	7 — 1917.
49. Un avion à Westrosebecke	27 — 1917.

50. Un avion à l'ouest de la Forêt d'Houthust (dans nos lignes). . . 28 juillet 1917.
51 et 52. Deux avions dans la région de Dixmude. . . . . 17 août 1917.
53. Un avion en Belgique (dans nos lignes). . . . . 20 — 1917.

FAMILLES DE FRANCE

LES COCHIN

Ordre du jour de l'Armée.

Le capitaine Jacques Cochin du 325e régiment d'infanterie, ayant pénétré avec une partie de sa compagnie dans un ouvrage occupé par l'ennemi, y a progressé pied à pied pendant une journée et, séparé de sa troupe au cours de la lutte, a succombé en luttant héroïquement.

Citations à l'Ordre de l'Armée du capitaine Augustin Cochin.

Cochin (Augustin), lieutenant de réserve au 146e régiment d'infanterie. Le 25 septembre, à l'attaque d'une position, malgré deux blessures graves, a conservé le commandement de sa section et, par son énergie, a maintenu celle-ci sur le champ de bataille sous un feu violent de l'ennemi. (25 *septembre* 1914.)

Admirable de sang-froid, d'entrain et de bravoure. A entraîné sa compagnie avec une ardeur sans égale à l'attaque du 25 septembre 1915. Deux fois blessé. (25 *septembre* 1915.)

Cochin (Augustin), capitaine de réserve au 146e régiment d'infanterie. A conduit sa compagnie à une contre-attaque avec un allant remarquable. Blessé d'une balle à l'épaule, ne s'est fait panser qu'après avoir assuré l'occupation du terrain conquis. Coutumier d'actions d'éclat. Déjà deux fois cité, deux fois blessé. (26 *février* 1916).

Officier d'une bravoure et d'un entrain superbes, animé de l'esprit de devoir et de sacrifice le plus absolu. Blessé à tous les combats auxquels il a assisté n'a jamais consenti à être guéri complètement pour reprendre plus vite sa place dans le rang. Malgré toutes les instances est revenu au corps avec un bras brisé. Exemple vivant des plus hautes qualités militaires.

Est tombé glorieusement le 8 juillet 1916 à la tête de sa compagnie défendant une ligne qui venait d'être conquise. (8 *juillet* 1916.)

Lettre du lieutenant-colonel du 146e,
à M. Denys Cochin.

Monsieur le ministre, nous pleurons avec vous le cher disparu, une des plus hautes figures, la gloire, l'honneur du 146e régiment, où tout le monde le respectait et l'aimait.

Votre fils est tombé vers dix heures, le 8 juillet, frappé au pied d'un Calvaire au nord d'Hardécourt; il est mort en chrétien et en soldat. Au nom de mon régiment, je vous adresse l'expression émue de nos très vives condoléances dans le malheur qui vous frappe. Personnellement, je perds un collaborateur et un ami sûr, qui venait souvent m'entretenir de ses hommes, de nos opérations, de tout ce qui fait depuis deux ans l'objet de nos pensées.

Je garderai son souvenir, et nul doute que, de là-haut, il ne reste près de nous et nous protège.

Je prie Dieu d'adoucir les dures épreuves qu'il vous impose. Veuillez, monsieur le ministre, déposer aux pieds de Mme Cochin mes hommages attristés, et agréez l'expression de mes sentiments les plus respectueux.

R. Jeanpierre.

Citation du lieutenant de vaisseau Jean Cochin.
Ordre du jour.

Le commandant en chef porte à l'ordre du jour de l'Armée M. le lieutenant de vaisseau Jean Cochin, commandant le sous-marin *Papin*. Ayant découvert un champ de mines mouillées par l'ennemi, a fait preuve de grande initiative et de sang-froid dans l'opération de destruction des mines les 6 et 8 juillet, se jetant lui-même à l'eau pour couper les crins des mines qui n'avaient pu être détruites par le canon. A montré un parfait mépris du danger et assuré la réussite de l'opération.

Le vice-amiral commandant en chef.
Signé : DE LAPEYRÈRE.

Le lundi 13 septembre 1915, le chef d'Etat-major de la marine italienne publiait le communiqué suivant :

Le submersible français *Papin*, appuyé par nos forces navales, a torpillé le 9 septembre, dans la Moyenne Adriatique, près du cap Planca, un groupe de torpilleurs Autrichiens, dont un a été gravement atteint.

Signé : THAON DI REVEL.

LES DU PATY DE CLAM

Citation du lieutenant-colonel du Paty de Clam.

M. Mercier du Paty de Clam (A. A. C. F. M.), lieutenant-colonel au 117e régiment d'infanterie, a été nommé dans l'Ordre de la Légion d'honneur au grade d'officier.

A donné les plus beaux exemples de courage et d'autorité en entraînant la troupe au feu et à l'assaut. Atteint de deux blessures au bras et à la figure, a néanmoins conservé son commandement jusqu'à la fin de l'action. Evacué, a repris son poste le 10 octobre. A, le 30 octobre, contribué à l'enlèvement d'un village, puis au maintien de nos positions en risquant sa vie pour éventer une contre-attaque ennemie. (12 *novembre* 1914.)

Signé : JOFFRE.

Cette citation a été reproduite à *l'Officiel* le 22 novembre 1914.

Citations du capitaine Jacques du Paty de Clam, fils aîné du lieutenant-colonel.

Blessé une première fois au combat du 24 août, est revenu prendre sa place à la tête de sa compagnie, et, en l'entraînant au feu le 26 octobre, a été de nouveau blessé grièvement. (7 *novembre* 1914.)

Signé : JOFFRE.

Officier d'une bravoure peu commune, aimé de ses hommes qui l'auraient suivi partout, blessé déjà deux fois au cours de la campagne, a rejoint incomplètement guéri le bataillon fin février. Se trouvant dans une tranchée soumise à un violent bombardement de l'ennemi, n'a pas hésité à se porter au milieu de ses chasseurs pour les encourager par sa présence. Est tombé grièvement blessé, donnant encore par son attitude, au milieu de ses vives souffrances, le plus bel exemple du calme résolu. (2 *avril* 1915.)

Signé : Général DEVILLE.

Blessé deux fois au cours de la campagne, a rejoint incomplètement guéri. Se trouvant dans une tranchée soumise à un violent bombardement, a été encore grièvement blessé. (20 *avril* 1915.)

Signé : SARRAIL.

Citation du deuxième fils du lieutenant-colonel, le capitaine François du Paty de Clam, du 7e hussards, à l'Ordre du Régiment.

Depuis vingt et un mois en campagne avec le régiment, a été d'un dévouement absolu et d'un allant merveilleux. Payant toujours de sa personne, il a, en toutes circonstances, montré qu'il était un excellent entraîneur d'hommes. Vient de faire partie, du 20 au 30 avril, d'un détachement fourni à un corps d'armée engagé autour de Verdun. Aussitôt arrivé, se trouvant chef de détachement par suite des circonstances, a provoqué les ordres et ensuite a pris lui-même les décisions nécessaires pour organiser et faire exécuter le service. S'est désigné pour le poste le plus exposé où sous un bombardement intense à Montzeville, il n'a cessé d'encourager ses hommes, élevant leur moral et doublant leur résistance par l'exemple de son entrain, de son sang-froid et de sa foi militaire. (*mai* 1915.)

Le colonel,

Signé : JOUINOT GAMBETTA.

Citation à l'Ordre de la Brigade de Charles Mercier du Paty de Clam, sous-lieutenant au 142e régiment d'infanterie, 2e compagnie, le troisième fils du lieutenant-colonel.

Officier énergique et courageux, a fait preuve d'abnégation en allant sous un violent bombardement secourir un blessé au-devant des lignes. Grâce à son sang-froid et à son intelligente activité, a réussi avec sa section deux avancées lors de la préparation des attaques de Champagne en août 1915.

Le général commandant la 248e brigade,

Signé : DESTENAIRE.

Citation du lieutenant de vaisseau Michel du Paty de Clam, quatrième fils du lieutenant-colonel.

Citation à l'Ordre du jour de la Division des flottilles de l'Adriatique. — Mercier du Paty de Clam (Michel), lieutenant de vaisseau, commandant l'*Archimède*. Officier d'une maîtrise incomparable dans la conduite et l'emploi des sous-marins, soldat de race, calme dans le danger, audacieux avec prudence, toujours prêt à sacrifier utilement sa vie. A été enlevé par la mer de la passerelle de son bâtiment qu'il ramenait d'une expédition glorieuse sur la côte ennemie. (20 *janvier* 1917.)

A été cité à l'Ordre de l'Armée navale française, de l'Armée italienne et décoré de la médaille d'argent à la valeur militaire.

TROIS LETTRES DU LIEUTENANT-COLONEL DU PATY DE CLAM

A Mme du Paty de Clam, le 31 octobre 1914.

Je vais bien. J'ai conduit ma troupe à l'assaut. Nous avons pris des canons, des mitrailleuses, des officiers, des hommes. Cela a été épatant. Je suis entré dans le patelin baïonnette au canon. Un rêve ! — Je vous embrasse tous. — Ce qui a été très beau, c'est pendant l'attaque du Quesnoy-en-Santerre. Il y a eu huit cent cinquante Allemands tués, et une cinquantaine de Français seulement.

Lieutenant-colonel,
DU PATY DE CLAM.

A M. l'abbé Cantenot, qui lui avait envoyé une carte postale illustrée de félicitations après la prise du Quesnoy-en-Santerre.

Vous m'avez envoyé une carte illustrée qui me rappelle la plus belle griserie de ma vie. Mais je n'étais pas aussi beau que le bel officier qui mène la danse : j'avais tout simplement sur le dos, une couverture tenue par une épingle de sûreté, et c'est avec un fusil de boche, ramassé par terre, que je conduisais mes gars... A un soigneur de l'arrière qui me parlait, avec enthousiasme, de nos silhouettes sur le village en flammes, je n'ai pu que répondre : « Je n'ai pas vu l'assaut, j'étais devant. » Et devant, c'est épatant !... Le bon Dieu m'a protégé pour passer entre les gouttelettes de mort. Et l'averse était rude. (12 *décembre* 1914.)

Lieutenant-colonel,
DU PATY DE CLAM.

Au même, qui lui avait demandé s'il fallait le féliciter d'avoir été enlevé au commandement du 117e pour prendre celui d'un régiment de territorial.

Ce ne peut être que félicitations, puisque c'est le sentier que Dieu a choisi pour moi. J'ai été si largement payé par Lui de toutes mes peines passées que j'aurais mauvaise grâce à lui demander quelque chose de plus. Et puis, j'ai un bon régiment, avec de braves gens et des gens braves qui supporteront fatigues et dangers, à la française, avec l'eau jusqu'à la ceinture et le risque de mort au-dessus. Hier, un mort et cinq blessés. Et on ne se plaint pas : c'est pour la France !

Vous n'avez pas idée du sens religieux de ces braves gens, et de la contagion de l'exemple quand on remplit son devoir et ses devoirs... (13 *janvier* 1915.)

Lieutenant-colonel,
du Paty de Clam.

On lit dans l'*Action Française* en septembre 1916.

Le colonel du Paty de Clam à Étain en août 1914.

Un de nos bons amis nous écrit :

Je l'ai vu à Etain (Meuse), le 23 août 1914, major de cette petite place. La veille avec la ...e division d'infanterie mon ambulance avait été jusque sous Longuyon et, après le terrible choc, s'était repliée sur Spincourt et Etain, au milieu d'un effrayant encombrement de convois, de voitures de blessés, etc... Plusieurs régiments étaient presque débandés. Harrassés, nous étions arrivés à Etain à l'aurore, après cette nuit épouvantable, cette retraite succédant à une si grande espérance, ce spectacle de désespoir, et, dans les yeux, la lueur des villages innombrables, qui rougeoyaient sur tout l'horizon. Les fuyards, les traînards, les débandés arrivaient sans cesse... Nous-mêmes, séparés de notre état-major, cherchions des ordres et nous adressions au commandant de la place. C'est ainsi que je fus en rapport avec le colonel du Paty de Clam.

Je le vois fort bien, dans la cour d'une caserne où l'on dirigeait tous les isolés... Tout autour des troupes étaient rangées et, au milieu, parmi un groupe d'arrivants encore en désordre, le colonel s'activait, sans fièvre, sans bruit, presque souriant. Je suis bien loin, vous le savez, des conceptions de M. Quillard sur la brute galonnée. Pourtant la grande, grande finesse du visage me frappa, aminci vers le bas, sur une bouche délicate, une moustache légère, et, très brun, animé par deux yeux pétillants. Avec cela, un nez et des traits verticaux, énergiques sans dureté...

Je compris. De tous ces gens perdus, sans direction, effrayés par le premier contact avec la tourmente, le colonel du Paty de Clam refaisait des soldats rangés, raffermis par le coude à coude retrouvé, la voix du chef réentendue, et, je le sentais, calmés, réconfortés aussi par la tranquillité, l'autorité bienveillante de ce colonel. La crainte du gendarme, du mauvais cas tourmentait peut-être certains de ces hommes qui, de tous âges, étaient ce jour-là tous des conscrits. Mais ce colonel avec son autorité et ses cinq galons, les accueillait simplement, écoutait leur histoire (régiment perdu, tout le monde mort), leur montrait le régiment retrouvé et des camarades de plus en plus nombreux ressuscités ; on les prenait, on les rangeait, on leur distribuait des cartouches et des boules, tout tranquillement, dans la caserne placide, comme en temps de paix.

Nous partîmes, nous, vers l'Ouest, seule route sûre, à cause de uhlans signalés un peu partout, notre ambulance encadrée de deux bataillons. Certes, le canon grondait, se rapprochait encore. Mais au lendemain même du gros et malheureux choc, nous avions repris l'espoir. L'énergie silencieuse, mais si opérante, du colonel du Paty de Clam, la transformation comme magique, de ces soldats nous donnait un raccourci, une promesse, un symbole, presque, du grand redressement qui devait suivre.., Les visions de la veille s'annulaient. Il y avait eu maldonne. La guerre commençait.

A peine tiré de la compagnie de chasseurs à pied de son fils où il avait fait vaillamment les premiers jours de la campagne, mais où la présence d'un colonel-simple soldat pouvait paraître au moins une anomalie, le colonel du Paty de Clam avait été effectivement nommé à Etain. C'est ce que me confirme une personne bien placée, qui m'écrit :

« Vers le 15 août 1914, l'on commence à s'émouvoir de ce lieutenant-colonel d'Etat-major, qui suit ou plutôt précède une compagnie de chasseurs, qui circule entre les deux lignes pour patrouiller et remonter le moral des populations dont le territoire (région de Conflans-Mars-la-Tours), a été bénévolement abandonné, qui fait la liaison avec les corps de couverture voisins du 16e bataillon de chasseurs (8e bataillon à gauche, 19e bataillon à droite).

« Le général de brigade, aujourd'hui divisionnaire Lecompte, l'envoie au général de division Verreaux (aujourd'hui rédacteur à l'*OEuvre*). Accueilli avec bienveillance, le colonel est envoyé au corps d'armée (général Sarrail) ; celui-ci le dirige sur la 3e armée (général Ruffey, remplacé depuis par le général Sarrail). Le général Ruffey, informé de ce qu'a fait le colonel, lui dit : « Trop heureux de vous avoir près de moi. « Restez à mon Etat-major. Justement, une mission difficile « se présente, je vous la donne. »

Ceci se passe aux abords du 20 août. Il s'agissait d'aller à Etain, pour y récupérer, remonter moralement, encadrer, organiser, ravitailler en vivres et munitions, reconduire hors de portée de l'ennemi qui a déjà coupé plusieurs routes, un groupe important de combattants, ayant reflué en désordre de la région de Longuyon, à la suite des premiers combats et n'existant plus, militairement parlant.

Le récit de votre correspondant décrit mieux que personne, comment la mission fut remplie. — C'est à la suite du bien-mené de l'affaire que le colonel est maintenu à la 3e armée, où je le rencontre (à Verdun) le 25 août, lors de ma première blessure. Quelques jours plus tard, après d'autres missions, il est nommé au commandement du 117e (la Marne, Roye, le Quesnoy).

J'apprécie hautement, dans la lettre de M....., l'idée du symbole présageant la Marne : la reprise de l'espoir.

Oui, le colonel du Paty était un magicien et puisqu'il n'a pas vécu, que son souvenir et le rappel de ses gestes, continuent à opérer l'enchantement du renouveau français ! »

LES DARAS

Citation de M. Henry Daras.

Daras (Ernest-Henry), lieutenant de réserve commandant la 23e compagnie du 338e régiment d'infanterie. Officier très brillant sous tous les rapports, a commandé sa compagnie avec une grande compétence. Blessé de deux balles le 21 septembre 1914, est revenu sur le front à peine guéri. Vient d'être blessé grièvement aux deux jambes pendant un violent bombardement ; a exigé que les soldats blessés en même temps que lui soient pansés avant lui et a continué à assurer le commandement de sa compagnie jusqu'au dernier moment. (30 *août* 1915.)

Citation de M. Charles Daras.

Daras (Charles), lieutenant au 32e régiment d'infanterie. Officier très brave, plein d'énergie et d'entrain. Très grièvement blessé le 8 septembre 1914 en tête de sa section. Infirmité équivalente à la perte de deux membres.

Citation de M. Louis Daras.

Daras (Louis), maréchal des logis d'artillerie. Très bon sous-officier ayant toujours montré beaucoup de courage et d'entrain. Il a été tué en prenant la place volontairement d'un camarade blessé. Nature franche et loyale, il avait une énergie virile qui, jointe à la gaieté, donnait à son caractère la trempe spéciale qui permet d'être obéi et aimé.

Citation de M. Pierre Daras.

Daras (Pierre), caporal au 67e régiment d'infanterie, engagé volontaire à 18 ans au début de la guerre. Après dix jours d'instruction a demandé à partir au front et a assisté à la bataille de la Marne. Versé dans un bataillon de marche, a pris volontairement la place d'un autre pour aller au feu. — Passé au 67ᵉ a été blessé, le 14 avril 1915, aux Éparges, dans l'accomplissement d'une mission dangereuse qu'il avait lui-même sollicitée. Est mort le surlendemain à l'ambulance donnant jusqu'au bout à tous ceux qui l'entouraient un magnifique exemple de fermeté, de courage et d'abnégation.

Lettre du capitaine Berthome, compagnie de mitrailleurs, 3ᵉ colonial, armée d'Orient, à M. le lieutenant-colonel Daras, père de M. Michel Daras, mort à bord de la « Provence ».

8 avril 1916.

Mon Colonel,

Depuis longtemps déjà je vous aurais écrit si j'avais connu votre adresse ou celle de Mᵐᵉ Daras.

Le sous-lieutenant Daras servait à ma compagnie depuis son retour du centre d'instruction de Blois.

Nous avions donc passé ensemble ces derniers mois. La vie en commun m'avait permis d'apprécier ses grandes qualités. Toujours calme, ponctuel, faisant sans bruit tout ce que les devoirs de sa charge réclamaient de courage, d'intelligence, de bonne volonté.

Il avait du devoir la conception la plus élevée.

Pendant le naufrage de la *Provence II*, il est resté sur le bateau jusqu'au dernier moment dirigeant l'embarquement de ses hommes dans les canots.

Au moment où le bateau a sombré il a dû être blessé ou « happé » par le remous, car aucun des survivants ne l'a vu ou sur les embarcations ou sur les radeaux.

Mon Colonel,

Votre fils, mon sous-lieutenant Michel Daras, est mort en héros, bercé par l'eau bleue de la Méditerranée.

Je garderai, nous garderons à la compagnie, pieusement sa mémoire.

J'ai un fils, mon Colonel, il a quatre ans, je voudrais qu'il ait plus tard la beauté morale et le cœur de Michel Daras.

J'ai l'honneur d'être, mon Colonel, bien respectueusement votre

F. Berthome.

LES DE MAISTRE

I

LES BARONS DE MAISTRE

La famille des Barons de Maistre est originaire du Languedoc, et remonte à Bernard de Maistre, élu capitoul de Toulouse en 1320, et réélu en 1328. La plupart de ses membres ont suivi la carrière des armes. Un des grands-pères des barons de Maistre actuels était maréchal des camps et armées de Henry IV.

Le général baron de Maistre, actuellement vivant, et chef de la famille, a eu deux frères, Iwan et Henry de Maistre, décédés.

Citation du sous-lieutenant André de Maistre, fils du général baron de Maistre.

André de Maistre, sous-lieutenant au 356e régiment d'infanterie, fait l'admiration de ses soldats, de ses camarades et de ses chefs, par son attitude au feu et son mépris complet du danger. A été tué le 23 septembre 1914 dans une attaque, au moment où, debout, en terrain découvert, il exhortait ses hommes par sa parole et par son exemple.

Quelques jours avant sa mort, le sous-lieutenant Andre de Maistre avait écrit à sa mère :

« Je ferai bien volontiers le sacrifice de ma vie pour la France et pour mes petits neveux. »

TABLEAU GÉNÉALOGIQUE DE LA FAMILLE DE MAISTRE

- Le Président de Maistre.
  - Comte Joseph de Maistre.
  - Marie de Maistre, dame de Vignet.
    - Baron Louis de Vignet.
      - Louise de Vignet, dame de Toytot.
        - Pierre de Toytot, capitaine d'infanterie.
  - Anne de Maistre, dame de Saint-Réal.
    - Élisabeth de Saint-Réal, comtesse de Foras.
      - Comte Amédée de Foras.
        - Comte Barle de Foras.
          - Ferdinande de Foras.
        - Rodolphe de Foras, capitaine d'infanterie.
      - Alice de Foras, comtesse Nusulli-Rocca.
        - Comte Stanislas Nusulli.
          - Georges Nusulli, capitaine dans l'armée italienne.
        - Laure Nusulli-Rocca, comtesse Mileri Feretti.
          - Conrad Mileri Feretti, capitaine dans l'armée italienne.
      - Camille de Foras, dame de Surigny.
        - Pierre de Surigny, capitaine de cavalerie.
  - Jeanne de Maistre, comtesse de Buttet.
    - Comte de Buttet.
      - Comte Ch. de Buttet.
        - Xavier de Buttet, capitaine d'infanterie.
      - Comte Édouard de Buttet.
        - Louis de Buttet, capitaine d'infanterie.
        - Humbert de Buttet, lieutenant d'infanterie.

CITATIONS DES ENFANTS DU BARON IWAN DE MAISTRE, DÉCÉDÉ

Le baron Bernard de Maistre du 223e d'infanterie.

Chef de section à l'attaque du village de Juvrécourt le 26 octobre, y traversa avec beaucoup de crânerie une zone battue par les feux de tireurs ennemis retranchés ; atteint d'une première balle qui lui fit une blessure légère à la tête, continua néanmoins à conduire sa section en avant, contribua à la prise de possession du village, prit et porta le sac d'un de ses hommes blessé, fit face avec beaucoup de sang-froid à une contre-attaque et reçut une dernière balle qui lui fit une blessure en séton à l'abdomen ; ne perdit pas un instant sa bonne humeur, donnant ainsi aux hommes un très bel exemple de tenue au feu.

Citation à l'Ordre de l'Armée, octobre 1915.

Son point d'appui étant tourné par l'ennemi, s'est cramponné au terrain, a rallié tous ses hommes autour de lui, a fait le coup de feu et a été tué d'une balle au front, donnant à tous l'exemple d'un véritable héroïsme.

Le baron Joseph de Maistre.

De Maistre (Joseph-Jean), capitaine à titre temporaire à la 6e compagnie du 66e régiment d'infanterie : officier d'une admirable énergie déjà trois fois cité à l'ordre pour son ardente bravoure. Le 5 mai 1916 a maintenu sa compagnie sous un bombardement d'une extrême violence et bien qu'elle ait été très éprouvée, l'a portée, la baïonnette haute, à la rencontre de l'attaque allemande qu'il a brillamment repoussée.

Le 16 novembre 1916.

De Maistre (Joseph), capitaine, commandant la 6e compagnie du 66e régiment d'infanterie : officier dont le cran superbe, la bravoure ardente font l'admiration de tout le régiment. Au combat du 18 octobre 1916, a enlevé sa compagnie sous un feu violent de mitrailleuses et malgré les pertes les plus sévères, l'a fait progresser en manœuvrant. Est tombé grièvement blessé à quelques mètres de la tranchée ennemie après avoir crié : En avant, mes enfants, c'est pour la France !

Le baron Pierre de Maistre.

De Maistre (Pierre), lieutenant au 12e bataillon de Chasseurs alpins : brillant chef de section, plein de calme et d'énergie. A été grièvement blessé le 20 juillet 1916 en entraînant vaillamment ses hommes à l'assaut d'une position ennemie fortement organisée. Perte de l'œil gauche.

MMlles Geneviève et Jeanne de Maistre, infirmières de la Société S. B. M. à l'ambulance de Vauxbuin, près Soissons, ont été citées à l'Ordre de l'Armée le 19 février 1915, en ces termes :

Sous la direction de Mlle Canton-Bacara, ont rempli avec autant de courage que d'abnégation toutes les tâches que comporte le soin des blessés, et n'ont pas quitté le poste périlleux que leur dévouement avait choisi depuis le début de la guerre, malgré l'occupation allemande et le bombardement ininterrompu qui l'a suivie.

II

LES COMTES DE MAISTRE

On lira avec intérêt le tableau d'une partie de la descendance du Président de Maistre, père de Joseph de Maistre, l'illustre auteur du *Pape*, des *Soirées de Saint-Pétersbourg* et des *Considérations sur la France*, où se trouvent les pages immortelles sur la guerre.

Joseph de Maistre n'eut qu'un fils, Rodolphe, qui laissa

onze enfants, dont quatre fils. L'aîné, Joseph, laissa lui-même un fils, le comte Ignace de Maistre, le chef actuel de la famille.

Une parenté éloignée relie les Barons de Maistre à celle des Comtes de Maistre, ou des de Maistre de Savoie.

Nous devons le tableau qui suit à l'obligeance de M. Charles de Buttet :

LES DE PLAN DE SIEYES DE VEYNES

Citations.

Jean de Siéyès — Très bon commandant de compagnie. A montré depuis le début de la campagne les plus brillantes qualités de courage et d'énergie. A été blessé grièvement au combat du 27 avril 1915. (*A l'Ordre de l'Armée.*)

Chef d'escadrille de premier ordre. Très bon pilote. Le 3 juillet a dirigé une attaque audacieuse sur un ballon drachen allemand qui a été incendié. A disparu au cours de cette mission. (*A l'Ordre de l'Armée.*)

Joseph de Siéyès. — *A l'Ordre du Corps d'armée :* Blessé assez grièvement le 21 juillet 1915 alors qu'il dirigeait un tir de lance-bombes, sous un violent bombardement de l'artillerie de tranchée ennemie, avec un courage et un sang-froid remarquables.

A l'Ordre de l'Armée : Officier d'une haute valeur morale, d'une bravoure et d'un dévouement au-dessus de tout éloge. Est tombé glorieusement le 13 octobre 1916 en donnant à ses hommes le plus bel exemple de sang-froid et de courage sous un bombardement d'artillerie lourde d'une extrême violence. Déjà blessé en juillet 1915.

Jacques de Siéyès. — *Ordre du Régiment :* le lieutenant-colonel commandant le 169e régiment cite à l'ordre du régiment le lieutenant de Sieyès qui a tenu à rejoindre le front bien avant l'expiration de son congé de convalescence. Ce jeune officier avait déjà donné la mesure de son courage et de son énergie au combat de Mamey en continuant à exercer le commandement de sa section après avoir reçu un éclat au bras droit, et en ne se retirant de la ligne de bataille qu'après avoir été mis complètement hors de combat par une balle ennemie.

Ordre de l'Armée : Blessé une première fois le 22 septembre a conservé le commandement de sa section jusqu'à ce qu'une seconde blessure l'ait obligé à quitter la ligne de feu. A rejoint le front avant complète guérison. Grièvement blessé le 20 janvier, au moment où il s'employait à organiser sous un feu violent d'artillerie des retranchements ennemis récemment conquis, a fait preuve de la plus grande énergie en restant sans soins toute une nuit dans un boyau étroit de communication et en trouvant la force de plaisanter avec ses hommes. A dû subir l'amputation de la jambe qui avait été broyée par une bombe.

Ordre de l'Armée : Officier d'une valeur morale et d'une énergie faisant l'admiration de tous. Ayant eu les deux bras cassés et une jambe emportée dans l'infanterie, a demandé à servir dans l'aviation où il s'est affirmé comme un observateur de premier ordre. A eu deux doigts emportés au cours d'un combat aérien, le 13 mars 1916.

Xavier de Siéyès. — *A l'Ordre de la Brigade :* Dans la nuit du 26 au 27 juin 1916 a effectué dans les lignes allemandes une reconnaissance qu'il a poursuivie malgré le feu de l'ennemi. N'est rentré qu'après avoir rempli complètement l'objet de sa mission. Jeune aspirant d'une grande bravoure déjà blessé en juillet 1915.

A l'Ordre de l'Armée : Le 2 août 1916, commandant un groupe chargé d'un coup de main sur les positions ennemies s'est fait remarquer par son courage et son sang-froid. Grièvement blessé, a maintenu ses hommes sous un bombardement violent, leur donnant le plus bel exemple d'énergie et d'abnégation.

LETTRES

Lettre du lieutenant-colonel Mondain, commandant le 169e, à la suite de l'amputation de Jacques de Siéyès.

Mon cher de Siéyès,

En apprenant la façon dont vous avez été blessé, le 20 janvier, j'ai été partagé entre le chagrin de vous savoir si cruellement mutilé et la fierté de commander à des officiers de votre trempe. Certes, mon cher de Siéyès, c'est une cruelle épreuve qui vous est infligée, mais croyez, comme je le crois moi-même, que votre sacrifice sera fécond. L'admiration excitée par votre admirable courage chez tous ceux qui en ont été les témoins, le récit ému qu'ils en ont fait depuis, a provoqué dans tout le régiment une patriotique émotion et une noble émulation. J'ai donc le devoir, mon cher de Siéyès, comme commandant du 169e de vous féliciter et de vous remercier, au nom de tous, de cette admirable leçon d'énergie donnée à tout le régiment et dont, s'il ne tient qu'à moi, vous ne tarderez pas à recevoir la légitime récompense. Je n'ai pas l'honneur de connaître votre père, mais je tiens, du moins, à le féliciter d'avoir un fils tel que vous.

Croyez, mon cher de Siéyès, aux sentiments les plus affectueux de votre lieutenant-colonel.

Signé : MONDAIN.

Lettre du chef d'État-major de la 10e division coloniale, commandant Prioux, à un ami de la famille, pour lui annoncer la mort de Joseph de Siéyès.

Ce jeune officier, que nous aimions tous profondément, vient d'être tué glorieusement dans le courant de cet après-midi. Un obus l'a frappé, alors qu'il donnait à ses hommes, sous un bombardement d'une extrême violence, l'exemple magnifique de son intrépidité et de son élégante crânerie.

Peut-être cette lettre vous parviendra-t-elle avant l'avis officiel qui informera la famille. En ce cas, vous verrez de quels ménagements il convient d'user pour préparer à un deuil particulièrement cruel, une famille si vaillante, déjà tant éprouvée par la guerre. Je suis l'interprète du général Marchand qui commande ma division et de tous les officiers en vous disant combien le capitaine de Siéyès nous avait tous séduits par ses qualités de cœur et ses brillantes vertus de soldat, et quelle place il tenait dans notre affection de camarades.

Lettres de Jean et de Jacques de Siéyès.
Jean de Siéyès à son frère, qui venait d'être exempté :

24 décembre 1914.

Puisque tu as fait tout ce que tu pouvais pour partir et que, malgré cela, tu n'as pas été pris, il ne faut pas regretter les sensations dont tu parles. La guerre est une vilaine chose, pas bien propre ; elle développe beaucoup de sentiments, la plupart mauvais, très peu de bons ; c'est le triomphe de la mort et du feu, l'empire des larmes et des ruines.

Une seule satisfaction : celle du devoir accompli, assez forte pour vous consoler de bien des choses. On est malheureux comme les pierres, mais... on ne voudrait pas être ailleurs.

Je crois que, pour notre pauvre pays, il sortira de tant de souffrances, une ère merveilleuse de bonheur et de prospérité. La France, suivant la loi, enfantera aussi dans la douleur ; mais, pour quand la délivrance ?...

Jacques de Siéyès à sa mère
à l'occasion de la mort d'un camarade.

26 août 1914.

Je suis bien malheureux aujourd'hui ! du chagrin par-dessus la tête ! Ce pauvre Cote est tué !... mort glorieuse, grandiose même. Blessé et tombé, fier comme il l'était, il n'a pas voulu qu'un prussien le ramasse, et il l'a menacé de son revolver ; il a été achevé ; cela, au bois de Crévie, entre le 20 et le 25 août, en Lorraine. Je ne vous avais jamais bien dit le camarade, l'ami qu'il était pour moi, et l'affreuse perte que je fais. Il a eu la mort qui lui était due ; c'était un soldat d'un caractère et d'une âme uniques. Sa conduite, dès le début de la guerre, avait été tellement brillante qu'il avait été nommé capitaine. Priez pour lui avec moi, ma chère maman ; si vous pouviez entendre la messe pour lui ! Pauvre Etienne ! Tous les jours, j'avais une raison de plus de souffrir d'une perte ; aujourd'hui, la mesure est dépassée. Je l'aimais de toute mon amitié ; j'avais si souvent éprouvé la sienne et son cœur. Je pleure ce soir sans pouvoir m'arrêter, mais c'est d'admiration autant que de chagrin. Nous nous battrons bientôt, nous autres. Comme je vais bien me battre ! Comme nous allons bien les venger ! Mais que cette guerre est horrible, et comme je la hais maintenant, cette lutte que j'avais tant désirée ! Nous serons vainqueurs... mais avec quelles larmes !

Jacques de Siéyès à sa sœur.

24 novembre 1914.

Je suis dans la joie... je suis proposé pour la Croix ! Le colonel Moudain me l'a dit hier. Et ça, c'est un vrai bonheur, je ne m'y attendais pas... Bien d'autres de mes camarades ou de mes hommes ont mieux mérité, ou autant que moi, ces grandes récompenses ; il est bien facile vraiment de faire son devoir, quand le devoir vous plaît. Si j'ai très bien fait, tant mieux ! mais je n'ai pas beaucoup de mérite. C'est Dieu, et papa et maman, qu'il faut que je remercie de nous avoir donné à tous une notion aussi simple et aussi facile du Devoir et de l'Honneur.

J'ai profité de mes deux jours de Mamey pour aller à la messe ce matin et communier. Nous avons, de ce côté, d'assez faciles ressources. Le prêtre de la 4e compagnie a été admis, sur sa demande, dans les infirmiers ; cela lui permet de rester toujours à l'ambulance à Mamey, et on sait où le trouver. Tout cela pour bien dire à papa et à maman qu'il n'y a rien à craindre de mon côté et que, durant toute la guerre, je serai à mon poste courageusement et chrétiennement. Je suis toujours en pensée tout près de tous ceux que j'aime, et il semble qu'on ait ici un cœur plus large pour que les places y soient plus profondes.

Jacques de Siéyès à sa mère.

16 janvier 1915.

Je suis depuis hier assez fatigué, très lassé après un peu de fièvre ; mais une bonne nuit, et il n'y paraîtra plus. Cela n'a d'ailleurs rien enlevé du moral qui est vraiment excellent et qui m'étonne, même. J'en suis excessivement heureux. Je sens que cela aide beaucoup mes hommes de me voir toujours en bonne humeur, et toujours rire. Ce sont de bien braves gars et ils m'en donnent de fortes preuves...

Jacques de Siéyès à sa mère, avant son amputation.

22 janvier 1915.
13 heures.

Ma pauvre maman,

J'avais une très vilaine, horrible blessure, au-dessus de la cheville gauche... *mon pied pendait!* On va me le couper à 14 heures. Je souffre beaucoup, mais ne suis pas à bout de forces. Je pense à vous de tout mon cœur. Aucun danger général. Je me résigne en pensant que cela ne dépend pas de moi, et que j'ai mal pour une Idée !

TABLE DES MATIÈRES

ÉVREUX

IMPRIMERIE CH. HÉRISSEY

4, RUE DE LA BANQUE

www.ingramcontent.com/pod-product-compliance
Ingram Content Group UK Ltd.
Pitfield, Milton Keynes, MK11 3LW, UK
UKHW020207250726
13967UKWH00003B/1317